2018汉语新词语

邹煜 主编

商務印書館
创于1897 The Commercial Press
2019年·北京

图书在版编目(CIP)数据

2018汉语新词语 / 邹煜主编. —北京:商务印书馆,2019
ISBN 978-7-100-18015-3

Ⅰ.①2… Ⅱ.①邹… Ⅲ.①汉语—新词语—2018 Ⅳ.①H136

中国版本图书馆CIP数据核字(2019)第287112号

2018 HÀNYǓ XĪNCÍYǓ
2018汉语新词语
邹 煜 主编

商务印书馆出版
(北京王府井大街36号 邮政编码100710)
商务印书馆发行
北京市十月印刷有限公司印刷
ISBN 978-7-100-18015-3

2019年12月第1版 开本787×1092 1/32
2019年12月北京第1次印刷 印张4½

定价:28.00元

审　　订　李志江　侯　敏
主　　编　邹　煜
主编助理　孙　红　刘佳雨
编 委 会　李志江　刘一玲　周洪波　侯　敏
　　　　　余桂林

编　　写　（按音序排列）
　　　　　陈　茜　程南昌　国嘉妮　何　晓
　　　　　焦　杨　刘佳雨　邱哲文　宋雨萌
　　　　　孙　红　孙妍妍　滕永林　王燕燕
　　　　　习维佳　张茹淇　张　卓　赵　洁
　　　　　郑敏妃　邹　煜
责　　编　李智初
插　　图　荆艳茹　廖诗意　王翔宇

目　　录

前　　言

2018年度新词语编年本的编纂和出版工作经过团队齐心协力，近一年时间反反复复、紧张的工作，终于画上了一个句号。

回望2018年，有许多令人振奋的，也有许多的不容易。比如，11月5日至10日，由国家主席习近平部署推动的首届“进博会”在上海成功举办，这是中国主动开放市场的重大政策宣示和行动；政治问题任何时候都是根本性的大问题，提高“政治站位”是做好工作的重要前提；年初，“直播答题”成为互联网行业第一个现象级事件，但它来也匆匆，去也匆匆；大数据可以为用户进行精准识别和个性化推荐，但也可以对老客户进行利益宰割，即“大数据杀熟”；在央行主导下由八家市场机构与中国互联网金融协会共同发起组建的“信联”，标志着个人征信正式进入了“大数据征信时代”；7月，美国政府对中国产品加征关税，在贸易上对中国实行霸凌；为提升亿万农民的荣誉感、幸福感和获得感，经党中央批准、国务院批复，自2018年起将每年农历秋分日设立为“中国农民丰收节”；为平抑上涨的房价，实现“居者有其屋”，“限竞房”应运而生；“消费降级”了还是消费理念进步了，需要人们好好思考;在平昌冬奥会闭幕式上的“北京 8 分钟”,一种新型 LED 显示技术“冰屏”惊艳亮相。

可见,语言发展中的新词语直接反映着社会变化的聚焦点以及社会生活的新变化。我们在国家语言资源监测语料库 2018 年度约 17 亿字次的语料中,经过机器自动提取、人工确认、专家审订等层层筛选后,共收录了 244 个新词语。透过这些新词语,对于 2018 年的社会生活的一些新情况、新变化便可窥见一斑。

一、人工智能:更广的应用、更新的体验

如果说 2017 年人工智能更多的是专注于技术深度应用(如“人机围棋大战”)的话,2018 年则是人工智能技术在广度上的应用,如 2018 年 11 月 7 日,新华社与搜狗在第五届世界互联网大会上联合发布了全球首个合成新闻主播——“AI 合成主播”,运用最新人工智能技术,“克隆”出与真人主播拥有同样播报能力的“AI 分身”。这项技术能够将所输入的中英文文本自动生成相应内容的视频,并确保视频中音频和表情、唇形保持自然一致,展现与真人主播无异的信息传达效果。

“AI 合成主播”的发布再一次让人们关注人工智能,关注它带给我们生活的全新体验以及诸多便利。例如,“AI 引擎”在终端侧能够加速用户在人工智能方面的体验;“媒体大脑”使新闻信息生产更为智能化;“城市智能体”可以实现城市全要素数字化、城市运行实时状态可视化、城市管理决策协同化和智能化;“社区智脑”深入到社区居民群众身边,有

效提升了社会治理能级。

此外,继“无人药房”“无人快递车”等之后,雄安新区又迎来一名新的高科技“员工”——美团无人配送车“小袋”。

二、高铁霸座:引发关于社会文明的思考

2018年8月21日上午,济南开往北京的G334次高铁上,一名男乘客霸占了另一名女乘客的靠窗座位,列车员与乘警劝说后,该男子声称“我站不起来,你帮我呗”,仍然执意半躺在座位上,脸上带着笑容。该事件发生后,“霸座”“座霸”等词在各种媒体、社交平台上刷屏,引起了公众舆论的广泛关注。8月24日,中国铁路济南局集团公司表示,霸座男孙某被处治安罚款200元,并在一定期限内被限制购票乘坐火车。当天,《人民日报》评论道:高铁霸座,考验的不只是道德。

“霸座男”的热度尚存,“霸座女”又来了。9月19日,在永州到深圳北的G6078次高铁上,一名女子在永州上车后,她原本是靠过道的座位,但强行坐到了靠窗的座位,当列车工作人员协调座位时,却遭到了该女子的“强词夺理”,霸占座位不肯让座。第二天,铁路客运部门在铁路征信系统中记录了该女子的信息,并在一定期限内限制其购票乘坐火车。

针对高铁霸座、火车“霸铺”和公交互殴等发生在公共场域的不文明行为乃至违法事件,人民日报评论部于2018年11月12日至19日在《人民日报》的“人民观点”中推出“如何提升我们的社会文明”系列评论,希望在改革开放四十年之际,在我们迈向社会主义现代化的征程中,思考人的现代化

课题，推动构建与我们不断提升的物质文明相适应、与我们的大国身份相匹配的精神文明。

三、贸易摩擦：美国吃亏了吗？

中美贸易争端一直不断。从新词语的视角来看，2018 年的这场贸易摩擦，其特点是“贸易霸凌”，是美国的贸易霸凌主义、贸易恐怖主义的具体体现。

2018 年 3 月 1 日，特朗普政府宣布计划对钢铁和铝分别征收 25%和 10%进口关税。紧接着，3 月 8 日特朗普在白宫举行了与钢铝行业高管和工人的见面会，并在会上正式签署了命令，钢铝关税实锤落地。欧盟在 16 日发布总额 64 亿欧元的商品征收最多 25%的报复性关税；其后，中国在 4 月 2 日公布了对原产于美国 7 类 128 项进口商品加征关税的决定，以报复美征收钢铝关税措施。6 月 1 日，美国宣布对加拿大、墨西哥和欧盟征收钢铝关税，随即引起相应国家的反对，加、墨对美国征收报复性关税。美国于 7 月 6 日起对第一批清单上 818 个类别、价值 340 亿美元的中国商品加征 25%的进口关税。为此我国商务部新闻发言人当即表示，这种征税行为是典型的贸易霸凌主义，正在严重危及全球产业链和价值链安全。

然而另一方面，美国政府却多次对世界贸易组织表示不满，威胁要“退群”，宣称美国在贸易等方面受到不公平待遇，美国吃亏了。7 月 6 日，《人民日报》发表题为《“美国贸易吃亏论”当休矣》的评论员文章。文章指出，一个当今世界综合实力最强的发达国家，竟堂而皇之大讲自己在国际贸易中受到欺负,吃了大亏,这实在是令世人大跌眼镜的咄咄怪事。“美国吃亏论”彻底暴露了美国一味谋求利益最大化,在国际交往中占了大便宜还嫌不够的贪相。美国严重扭曲市场竞争、阻碍公平贸易、损害全球产业链的政策和行为比比皆是,正是这些政策和行为破坏了以规则为基础的多边贸易体系。

四、土味文化:持久吸引力源于真实的生活

2018年,“土味情话”成为非常流行的网络用语之一,不管是在日常生活中,还是在各种电视剧中,“土味情话”的使用频率都非常高,因此在2018年12月19日入选国家语言资源监测与研究中心发布的“2018年度十大网络用语”。

这些带着土气、冷幽默式的情话,与文艺情话相对应,常使用文字游戏式的表达,听起来直白而腻人。例如:我对你的爱,就像拖拉机上山轰轰烈烈。当然,真正让土味情话爆红网络的,是《偶像练习生》节目中的土味情话大比拼花絮。

土味情话在网络上爆红后,“土味视频”“土味青年”等各种“土味”同样受到了大众异乎寻常的欢迎,“土味文化”迅速流行了起来。“土味”最初指的是诞生于三四线乡镇的富有乡土气息的表演风格,但现在当我们说某段视频是土味视频时,它一定与都市文化和城市精英的趣味截然相反。它没有经典的构图,没有精致的妆容,没有刻意的台词。

土味文化,是伴随网络直播视频流行起来的一种网络文化。10月23日,《人民日报》发表的一篇题为《打动我们的是值得铭记的生活》的评论员文章指出,一段时间,也有一些

“三俗”的东西借“土味”之名传播，夸张妆容、雷人雷语，甚至打暴力色情擦边球，似乎带上“土味”就可以理所当然地不雅，这不仅违背了公序良俗，逾越了法律边界，而且也不可能有持续的生命力。文章说，那些“去除虚火与邪火之后，来源于生活的‘土味’注定会火，而且会一直火下去”。而让人们能看到真实的生活，体味到各自的奋斗，才有更加持久的吸引力。

记录下2018年这些反映社会发展变化的新词语，也让我们在历史的印记中留存下了这一年里人们社会生活的鲜活图景。

2019年度新词语的收集、整理工作已经开启。

邹　煜

2019年10月于香港

凡　例

一、本书正文收录2018年产生的新词、新语和新义、新用法共计246条，附录补收2013—2017年产生的新词、新语和新义、新用法102条。

二、词目按音序排列。字母打头的词语排在最前面，阿拉伯数字打头的次之，然后是汉字构成的词语。汉字构成的词语，读音相同的按笔画多少顺序排列；笔画相同的，按起笔横、竖、撇、点、折的顺序排列。

三、词目根据《汉语拼音正词法基本规则》标注拼音。词目中的阿拉伯数字、罗马字母及其他字母直接列出，不再标音。轻声字不标声调。

四、汉语拼音之后，标出词目的词性。词性标注的原则是，绝大多数双字单位，视为词，标出词性；三字单位，根据情况，视为词的，标出词性，视为短语的，不标词性；四字及四字以上单位，一般不视为词，不标词性。

五、多义项条目用❶❷❸……加以区分。

六、词目均配有例句，前面标记[例]。例句主要选自平面媒体（报纸）及有声媒体（广播电视节目转写文本），也有部分选自网络媒体。例句括注出处。少数例句末尾没有标点的，为原文的标题。

七、一些词语配有知识窗或相关词语。知识窗用“”标记，相关词语用“”标记。相关词语主要按音序排列，辅以形序、义序排列。所列相关词语中，左上角标“＊”号的是本书中所列词目。

八、属于新义、新用法的，在词目左上角标“＊”号以示区别。

A

【AI 分身】 AI fēnshēn 名词。指采用人脸识别、情感迁移等人工智能技术制造出来的与真人完全一样的分身模型。例“搜狗分身”技术能够利用搜狗的 AI 能力，从图像表情，声音语言习惯，逻辑思维等层面对 AI 进行拟人化训练，然后克隆制造人类的 AI 分身，进而帮助人类提高信息表达和传递的效率。（11 月 8 日《经济日报》）| 观众只要输入一句既有的新闻文本，屏幕上就会出现一位新华社新闻主播的形象，将这段新闻生动地播报出来。然而，后台并没有一个真人主播在摄像头前播报新闻，靠的是“AI 分身”。（11 月 12 日新华网客户端）

AI 医生 *AI 合成主播 *AI 教师 *AI 引擎 *AI 指数

【AI 合成主播】 AI héchéng zhǔbō 名词。世界上第一个全仿真的智能虚拟主播。通过提取真人主播新闻播报视频中的声音、唇形、表情动作等特征，运用语音、唇形、表情合成以及深度学习等技术联合建模训练而成。与真人主播具有同样的外貌特征和播报能力。2018 年 11 月 7 日，在第五届世界互联网大会上，搜狗公司与新华社联合发布。例据介绍，这是全球第一个全仿真智能合成主

持人"AI 合成主播",利用的是"搜狗分身"技术。(11 月 8 日《北京青年报》)|在 7 日举行的第五届世界互联网大会上,媒体大脑家族再添新成员——新华社发布全球首个合成新闻主播——"AI 合成主播",运用最新人工智能技术,"克隆"出与真人主播拥有同样播报能力的"分身"。(11 月 8 日《新民晚报》)

相关词语见"AI 分身"。

【AI 教师】 AI jiàoshī 名词。指具备表情识别、语音识别和测评、笔迹识别等技能的人工智能系统。可以替代真人教师从事某些课堂教育。例 教育 3.0 是通过技术的手段,去重构教育不一样的体系,在学习、考试、练习各方面,每一个流程都是可以用技术去取代的,真正做出了一个 AI 教师。(9 月 27 日腾讯网)|教育的数据之外还有一个是情感温度,这是 AI 教师难以做到的。(12 月 7 日《北京晚报》)

相关词语见"AI 分身"。

【AI 引擎】 AI yǐnqíng 名词。人工智能引擎。指在用户侧能够加速用户在人工智能方面体验的移动平台。支持人脸识别、物体识别、语音输入、会议记录和字幕转写,可以将人的声音转化为文本,还可以让机器人理解人的声音并进行互动。例 骁龙 845 还支持最顶尖的终端侧人工智能处理,多核 AI 引擎让 AI 运算任务可以动态分配,相比上一代产品 AI 性能提升了三倍。(3 月 29 日《北

京晚报》)|第二类利用 AI 的新技术杠杆把原来移动医疗的模式颠覆,比如康夫子做 AI 家庭医生,就可以用 AI 引擎做成机器人家庭医生,大大降低医疗的边际成本。(5 月 17 日《新京报》)

相关词语见“AI 分身”。

【AI 指数】　AI zhǐshù　名词。反映人工智能的动态和进展的数据。由美国斯坦福大学首先推出。例在 AI 智投的基础上,增加了 AI 指数、AI 策略两大模块,智能服务、简化投资,能够更好地满足投资者个性化投资理财需求。(8 月 30 日《第一财经日报》)|进入首页“AI 投”栏目,选择“AI 指数”项下“工银股混”或“工银配置”,点击“一键投资”即可完成对中证工银财富基金指数的投资。(10 月 20 日《经济日报》)

相关词语见“AI 分身”。

【爱心冰柜】　àixīn bīngguì　指盛夏期间城市居民或商家设在路边的冰柜。免费提供冷饮,供从事户外工作的环卫工人、交警、快递员等取用。因其体现了城市居民或商家的爱心,故称。例一位小朋友被“爱心冰柜”和路人的善行感动,专门写了一封感谢信,偷偷放在冰柜里。(7 月 27 日《人民日报》)|从监控视频中看到,有妈妈带着孩子来到“爱心冰柜”前,比比划划,给孩子介绍着。(8 月 16 日《人民日报》)

B

【霸铺】　bàpù　动词。在火车上蛮不讲理，强占他人的卧铺铺位。例火车上“霸座”“霸铺”，公交车上攻击司机抢夺方向盘……类似事件近年来时有发生甚至酿成惨剧，亟须法律规制。（12 月 24 日《北京晚报》）|针对火车上的“霸座”“霸铺”现象，民法典合同编草案二审稿明确规定，旅客应当按照有效客票记载的时间、班次和座位号乘运。（12 月 24 日《经济日报》）

【霸座】　bàzuò　动词。在火车、飞机等交通工具上蛮不讲理，强占他人的座位。例近日，从济南开往北京的高铁上，一“霸座”男子走红网络，其后的各种言行也受到网友的强烈关注。（9 月 5 日《中国青年报》）|广东人大从地方法规层面明确“霸座”行为违法，充分凸显了地方立法精细化、精准化的优势。（10 月 24 日《人民日报》）

【百行征信】　bǎihángzhēngxìn　名词。义同“信联”，见 83

页。例 据了解，百行征信主要在银、证、保等传统金融机构以外的网络借贷等领域开展个人征信活动，与人民银行征信中心运维的国家金融信用信息基础数据库形成错位发展、功能互补的市场格局。（1月5日《人民日报》）| 百行征信由监管机构和行业协会牵头，个人征信企业参与，因而被认为是个人征信领域的联合机构——“信联”。（3月6日《中国青年报》）

【冰屏】 bīngpíng 名词。LED透明屏。一种采用侧发光工艺的LED（发光二极管）产品，具有高通透（通透率达85%）、大角度的特点。因其显示面板像一块透明的冰块，观看时画面好像悬浮在玻璃之上，故称。例 笔记本套装以2008年北京奥运会开幕式点燃的火炬呼应平昌冬奥会北京8分钟的冰屏，充分展现北京传统与现代兼容的城市个性。（8月1日《北京日报》）| 虽然演员们身处同一个舞台，但工作人员却能够通过移动开合屏和七十多块升降冰屏隔出不同的舞台空间效果，这既为表演的情境服务增强了代入感，也更有效地消除了单一场景带来的审美疲劳。（10月13日《光明日报》）

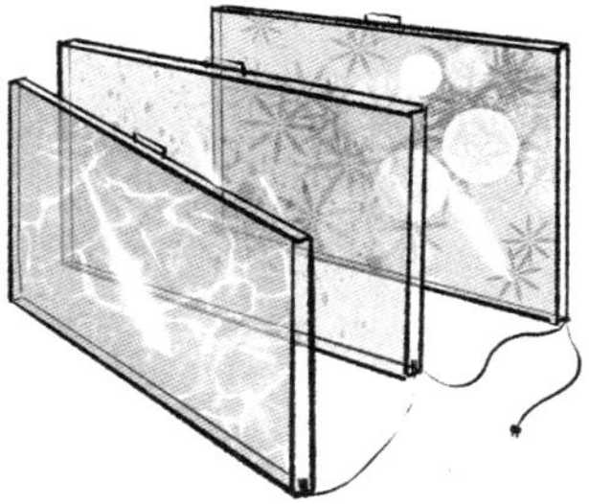

彩屏 触摸屏 *打孔屏 *开孔屏 漏斗屏 全面屏 *挖孔屏 *无限屏

【博鳌方案】 Bó'áo fāng'àn 指2001年博鳌亚洲论坛成立以来，历次会议上提出的一系列促进各方合作、推进经

济全球化、推动构建人类命运共同体等的方案和形成的共识。[例]博鳌亚洲论坛成立以来，立足亚洲，面向世界，在凝聚亚洲共识、促进各方合作、推进经济全球化、推动构建人类命运共同体等方面建言献策，提出许多富有价值的“博鳌方案”，做出了积极贡献。（4 月 11 日《中国青年》）| 面对复杂变化的世界，人们在博鳌小镇收获了中国提出的“博鳌方案”，感受到了思想、智慧、行动、信心的强大力量，也感受到了必须在历史前进的逻辑中前进、在时代发展的潮流中发展的磅礴气势。（10 月 30 日《人民日报》）

C

【C 店】 C diàn　超集店。C 是“超”的汉语拼音首字母，也是“集”的英文 collection 首字母。见 8 页。[例]打造多业态融合的 C 店（Collection），是尚品宅配继 SM（Shopping-Mall）店、O（Office）店之后的第三种线下实体店。（12 月 13 日《新京报》）| 今年 4 月，尚品宅配第一家 3000＋m^2 超集店（简称“C 店”）在上海绿地缤纷城正式开幕。（12 月 28 日人民网）

【C 位】 C wèi　名词。网络用语。指中心位置。C，英文 center 的首字母。[例] C 位为何有这么大的魔力，抢占这

个位置甚至可以上新闻。(7月5日《光明日报》)|占据展厅"C位"的基督雕塑吸引着观者的视线,诉说着米开朗基罗本人复杂而矛盾的精神世界。(12月5日《光明日报》)

【**C位出道**】 C wèi chūdào 网络用语。指某一娱乐团体中实力最突出的人在短时间内引起广泛关注。例"C位"是近来的网络流行语,从《偶像练习生》到《创造101》,年轻人在寻求"C位出道"。(7月3日《中国青年报》)|C位出道是极小概率的娱乐事件,但在劣币驱动良币的定理下,其示范效应却非常强大。(8月30日《光明日报》)

【**草单**】 cǎodān 名词。网络用语。"种草清单"的简称。指购买物品的清单。例百里挑一的"星"品、超强口碑制造者的星品明星、心无旁骛的星品牌,联合给现场粉丝呈现了一个足够爆款的"草单"。(11月2日环球网)|给你们看我的2019年草单,对,我现在就想买了。(12月13日腾讯网)

【**场外输血**】 chǎngwài shūxuè 当地政府缓解当地上市公司股权质押风险的一种方式。通过股票市场、期货市场之外的渠道,通过委托贷款、过桥贷款、向实际控制人借款、受让股票质押债权、提高股票质押率等方式,向上市公司或实际控制人提供流动性支持。例A股告急!多地酝酿"场外输血"化解质押风险。(10月20日《华夏时报》)|从目前已公布的方案看,地方政府驰援本地上市公司的方式多采用"场外输血",而非2015年股市大跌时国资护盘采用的入场提升指数。(10月20日新浪网)

【超级牌照】 chāojí páizhào 《商业银行理财子公司管理办法》的俗称。根据该管理办法，与此前成立的资产管理公司相比，银行理财子公司的业务范围更加广泛，允许投向非标准化债权类资产，还可进行权益投资，把握一级市场，承接银行的表外业务。人们认为这个管理办法有如优于一般牌照的"超级牌照"，故称。[例]不少专家认为，《理财子公司管理办法》相当于进一步明确了银行系理财子公司的"超级牌照"地位，即"信托＋公募"的业务定位，这将导致大资管行业格局的重塑。（12月2日《中国证券报》）|近日出台的商业银行理财子公司管理办法备受市场关注，其具备可以发行公募和私募理财产品，具有可以投资非标、直接投资股票等优势更是让市场解读为"超级牌照"。（12月5日新华网客户端）

【超集店】 chāojídiàn 名词。"超级集合店"的简称。集合不同品牌为消费者打造多元一体的家居体验店。也称"C店"。"C"一是"超"的拼音首字母，二是"集"的英文collection首字母。[例]尚品宅配北京C店作为集设计、艺术、时尚、社交、慢生活为一体的"超集店"，不仅可以看家居、看产品，无论是置业前，还是买家具后，都可以来店内体验不同生活周期的生活方式。（7月26日《新京报》）|在"超集店"各种适合儿童玩乐的区域，很容易就让他们玩上一整天，儿童玩乐区的乐高墙、滑梯、积木墙、绘本架都让孩子兴奋不已。（8月23日《新京报》）

【炒链】 chǎo liàn 动词。炒作与区块链相关的股票。[例]今年来，"炒链"之风从"链圈"吹到资本市场，自今年1

月份以来，上市公司频繁出现沾“链”就涨的案例，引起沪深交易所的警觉。（12 月 21 日《证券日报》）|为防区块链概念炒作，一封封监管函剑指涉嫌“炒链”的上市公司。（12 月 21 日《证券时报》）

【炒芯】 chǎoxīn 动词。炒作与芯片相关的股票。例这一现象在一定程度上反映出股民在近期内对 A 股芯片概念股的追捧，股民的炒芯行为带来芯片股成交量的大幅增长。（4 月 26 日新浪网）|针对近期火热的国民炒芯运动，行业是时候恢复冷静与理性了。（4 月 26 日搜狐网）

【诚信建设万里行】 chéngxìn jiànshè wànlǐxíng 由中共中央宣传部主持的主题宣传活动。于 2018 年 6 月 29 日在北京启动，旨在围绕我国诚信建设整体情况，大力宣传正能量、弘扬主旋律，激浊扬清、惩恶扬善，聚焦群众反映集中的突出问题并开展监督报道，大力营造“知信、用信、守信”的良好氛围，推动全社会共同参与，为经济社会发展提供有力的道德支撑和信用体系保障。例中共中央宣传部主持的“诚信建设万里行”主题宣传活动启动仪式 6 月 29 日在国家公共信用信息中心举行。（6 月 30 日《人民日报》）|近日，本报推出“诚信建设万里行”专栏，引起读者强烈反响和共鸣。（7 月 11 日《经济日报》）

【城市智能体】 chéngshì zhìnéngtǐ 智慧城市的最新概念，是城市物理世界与数字世界相互映射、协同交互的融合系统。可以实现城市全要素数字化、城市运行实时状态可视化、城市管理决策协同化和智能化。例日前，第

二十届中国国际高新技术成果交易会（以下简称“高交会”）在深圳举行，华为以“新ICT（信息通信技术），打造城市智能体”为主题搭建全新智慧展区。（11月28日《人民日报》）|城市智能体包括三部分：底层是依托华为IoT技术的物联层，实现了物联全感知和终端智能；中间是基于华为云计算的云化基础设施和使能平台，为上层数据、应用使能提供AI技术服务支持；上层则是AI与业务场景深度耦合的行业智能体。（12月25日《光明日报》）

【重庆两江之星】 Chóngqìng liǎngjiāng zhī xīng 中国民营航天科技公司——零壹空间研制的商业火箭。因零壹空间的副研发中心和制造基地位于重庆两江新区，故将火箭命名为“重庆两江之星”。例 17日7时33分31秒，中国首枚民营自研商用亚轨道火箭“重庆两江之星”在我国西北某基地成功点火升空。（5月18日《人民日报》）|OS-X型“重庆两江之星”之所以能够在短短一年内就成功发射，其实也是拜市场化之福。（5月18日《北京青年报》）

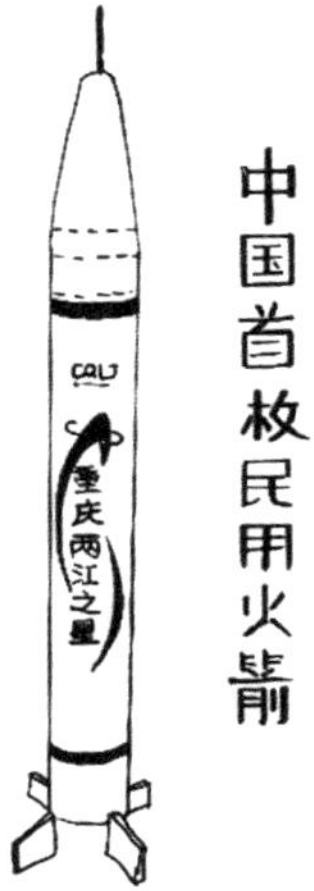

【吹哨报到】 chuīshào bàodào 北京市推行的赋权基层、治理重心下移、简约高效的基层治理机制。当基层反映出现的问题后，有关部门立即着手解决，这种治理机制被形象地称为“乡镇吹哨、部门报到”。例今年以来通过推进“三级过滤”吹哨报到机制，石景山背街小巷的快递占道问题解决了，餐厅、商户门前堆物堆料的治理模式理

顺了，文保区的架空线入地了，文创商户入驻了，解决了一批过去想解决却解决不了的难题，城市精细化管理水平不断提升，百姓的满意度与获得感稳步提高。（5 月 14 日《北京晚报》）｜据悉，这条道路的疏堵改造也是朝阳区积极推进党建引领“街乡吹哨、部门报到”机制，利用首创的“吹哨报到”七步工作法推进实施的民生工程之一。（11 月 7 日《北京晚报》）

D

【打孔屏】 dǎkǒngpíng 名词。义同“挖孔屏”，见 69 页。例从手机品牌端的规划来看，下半年更加极端的打孔屏将会上市。（8 月 30 日《广州日报》）｜三星、华为及荣耀相继发布了“打孔屏”，努比亚、vivo 则更直接用上了双屏解决方案，而且纷纷都号称是“最接近全面屏”的做法，好生热闹。（12 月 27 日《南方日报》）

相关词语见“AI 分身”。

【大猎鹰】 dàlièyīng 名词。美国太空探索技术公司正在研发的运载火箭。可在行星际重复使用。例美国有线电视新闻网 18 日报道，“大猎鹰火箭”仍在研制阶段；

这趟绕月旅行可能在2023年成行。(9月19日《北京晚报》)|SpaceX今年初发布过一段视频,展示了大猎鹰火箭乘员舱降落在月球表面的模拟场景,但模拟视频只是展示出一种设计路径,与真正达到可靠技术还有很大距离。(10月26日《人民日报》)

【大数据杀熟】 dàshùjù shāshú 指商家利用掌握的大数据来侵害熟人的钱财或损害熟人的利益。例在许多用户的实际体验中,大数据杀熟的嫌疑并不只是出现在交通出行平台,在酒店预订这个出差旅行的高频领域,此类嫌疑同样存在。(3月27日《中国青年报》)|“大数据杀熟”的出现,意味着商家手上海量的用户个人数据与消费者的信息占有之间已经出现了极端不对称的信息鸿沟。(3月28日《人民日报》)

【代购法】 dàigòufǎ 名词。《中华人民共和国电子商务法》的俗称。因其对曾缺乏监管的代购作出了明确的法律规定,故称。例在她看来自己入行只是为了赚点零花钱,如果代购法实施起来的话,自己只能选择转行。(12月26日《新京报》)|“史上最严‘代购法’出台”“代购‘冬天’来临”……随着《中华人民共和国电子商务法》的出台,代购圈一直躁动不安。(2019年1月4日《法制日报》)

【带量采购】 dàiliàng cǎigòu 一种采购方式。采购化学药品时需要同时约定采购量。例有企业表示，从长远来看，带量采购促进行业回归产品的质量、技术、市场竞争度等良性发展轨道，对于原料药制剂一体化的企业会有积极作用。（11月19日《人民日报》）|“一采购”是指实施医用耗材联合采购和药品带量采购，进一步腾出费用空间。（12月23日《人民日报》）

【*带路党】 dàilùdǎng 名词。网络用语。原指在敌人打进来时为奸细“带路”的人。现戏称某些对本国不满意自称要为外国人带路的人。例看来美国开始炒作“效忠中国”的“带路党”了。（6月22日新浪网）|深感自己被耍了的乌克兰人怒火中烧，愤而与瑞典结盟，充当“带路党”，结果遭遇了沙皇的血腥镇压。（12月1日《齐鲁晚报》）

【低级红】 dījí hóng 名词。指有意或无意地把党的信念和政治主张简单化、庸俗化，是主观主义、形式主义的体现。例讲政治就要用火眼金睛辨别“高级黑”与“低级红”，解决“表态多调门高、行动少落实差等问题”。（7月5日《人民日报》）|这和新婚夜抄党章一样，都是违背人情常理的“低级红”。（9月28日《新京报》）

【地域拖油瓶】 dìyù tuōyóupíng 网络用语。戏称缺乏本地人普遍具有的技能、爱好、见识的本地人。例地域拖油瓶：对不起，我给家乡丢人了。（6月2日搜狐网）|地域拖油瓶一瞬间在网上火了起来，它指涉的是不符合公众地域想象的人群，比如不喝豆汁儿的北京人、不会打麻将的成都人或者不爱吃火锅的重庆人等。（6月20日

知识窗

相关词语

搜狐网）

【**电子出生证**】 diànzǐ chūshēngzhèng 出生医学证明电子证照。其与纸质的出生证具有相同医学和法律效应。2018 年 6 月 5 日，全国首张出生医学证明电子证照在广州市妇女儿童医疗中心签发。例 今天上午，广州市民殷女士操作手机，在微信卡包里点开了儿子的电子出生证。这是在广州市妇女儿童医疗中心签发的全国第一张全省通用的出生医学证明电子证照。（6 月 6 日《人民日报》）| 期待电子出生证尽快走向全国，让更多人来分享这一“红利”。（6 月 7 日《新京报》）

电子保姆 电子菜箱 电子法院 电子飞蛾 电子护照 电子监控手链 *电子结婚证 电子口岸 电子绿标 电子情敌 电子卫士 电子小三 电子政务 *区块链电子发票

【**电子结婚证**】 diànzǐ jiéhūnzhèng 与纸质结婚证对应的结婚电子证照。例 据悉，在江苏已经登记结婚的夫妻，只要打开支付宝搜索“江苏政务”，在“我的卡包”里刷脸就能领取到和实体证相对应的电子结婚证。（9 月 29 日《北京青年报》）| 江西省民政厅对此作出回应：电子结婚证、离婚证仅作为凭证方便民众办理业务，并不能在线结婚、离婚。（11 月 14 日《北京晚报》）

相关词语见“电子出生证”。

【抖商】 dǒushāng 名词。在抖音短视频APP上出售商品的商家。例抖音变“抖商”，娱乐成生意？（4月10日《科技日报》）|抖商其实就是利用现在人气相当高的短视频抖音进行创业，成为抖音电商，通过短视频的创作来展示自己的作品和产品，快速打造个人IP和产品宣传。（12月21日搜狐网）

【抖友】 dǒuyǒu 名词。频繁使用抖音短视频APP的用户的互称。例视频下的留言区，遍布着抖友们“帅”“燃”这样的评论，18万条评论，无一差评。（6月4日《新京报》）|发动“抖友”找“老赖”，产生了较好的效果。（6月25日《人民日报》）

【独角兽基金】 dújiǎoshòu jījīn “三年封闭运作战略配售灵活配置混合型证券投资基金”的俗称。独角兽是神话传说中的动物，额前有一个螺旋角，稀有而高贵。2013年，美国著名投资人将私募和公开市场的估值超过10亿美元的创业公司称为“独角兽”，而这些基金则是专门用来投资A股独角兽企业的，故称。例昨天，北京青年报记者了解到，各家独角兽基金的代销银行这几天都在积极开展对个人客户的推荐。（6月9日《北京青年报》）|记者昨天下午从洋桥附近几家代销银行了解到，投资者对独角兽基金心态不一。（6月12日《北京晚报》）

【断触】 duànchù 名词。指手机屏幕失灵，触碰时没有

反应。[例]为了避免荣耀手机出现“断触”的情况，我们可以尝试一下这些操作。（7月16日搜狐网）|在点击手机的图标时，正常情况下，手机会有所反应（一般按键底色变灰），反之手机无应答，也就是我们说的断触现象。（12月1日搜狐网）

【多县一行】 duō xiàn yī háng 指在几个相邻的县份中选择一个县设立村镇银行总部，在其他县设立支行。2018年9月，经国务院批准，中国银行保险监督管理委员会同意河北、山西、内蒙古等15个省区开展首批试点。[例]银监会近日印发《中国银监会关于开展投资管理型村镇银行和“多县一行”制村镇银行试点工作的通知》。（1月15日《人民日报》）|与前期采取的“一县一行”组建村镇银行方式不同，此次“多县一行”制村镇银行试点仅在中西部和老少边穷地区，特别是在贫困县相对集中的县（市、旗）开展。（9月18日《经济日报》）

E

【额外差饷】 éwài chāxiǎng 香港地区对楼宇或物业征收的额外间接税。[例]6月28日，香港行政会议召开特别会议，决定对空置6个月以上、并未作为居住或出租的一手住宅收“额外差饷”，其数额相当于两年的租金，

5%的楼价。(10月19日《新京报》)|据香港特区政府官网，今年6月，香港宣布对一手房开征空置税，对空置一年或以上、未出租或自住的一手住房，按房屋年租金的200%征收“额外差饷”(即空置税)。(10月26日《新京报》)

【儿童邪典片】 értóng xiédiǎnpiàn 将儿童熟悉的卡通人物包装成血腥暴力人物或含有软色情内容的动画片或真人小短片。也称“儿童邪典视频”。例不少网友检索发现，这类“儿童邪典片”不仅出现在国外的一些网站上，国内的多家视频网站均能检索出这些内容相似的动画片或真人视频，甚至出现了国内公司自制的“儿童邪典片”。(1月23日《北京青年报》)|据了解，1月19日，文化部监测到所谓“儿童邪典片”网络舆情后，立即部署百度、腾讯、优酷、爱奇艺等主要互联网文化单位开展排查清理工作，要求各单位以最严格的标准第一时间下线所有相关动漫视频。(2月9日《中国青年报》)

【儿童邪典视频】 értóng xiédiǎn shìpín 义同“儿童邪典片”，见17页。例各搜索引擎企业要将“儿童邪典视频”相关作品名称(如“艾莎公主怀孕”“蜘蛛侠宝宝艾莎”等)词条设为关键词组予以屏蔽，要修改相关词条，突出强调其对未成年人的社会危害。(1月23日《北京青年报》)|广州胤钧贸易有限公司共上传视频3534条，其中359条视频含有诱导未成年人违法犯罪和渲染暴力、色情、赌博、恐怖活动内容(“儿童邪典视频”)。(3月1日《中国青年报》)

知识窗 相关词语

F

【反避税条款】 fǎn bìshuì tiáokuǎn 指《中华人民共和国个人所得税法修正案(草案)》中涉及堵塞税收漏洞、压缩逃避税空间的条款。[例]为堵塞税收漏洞,草案拟首次增加反避税条款。(6月20日《中国青年报》)|本次修改除提高综合所得基本费用减除标准即起征点,还呈现出综合与分类相结合、设立专项附加扣除、增加反避税条款等亮点。(9月1日《新京报》)

【反杀案】 fǎn shā àn 名词。公民在遭受不法侵害时,因正当防卫或防卫过当致不法侵害人重伤或死亡的案件。[例]舆论的焦点,主要聚焦在"反杀"属于正当防卫还是防卫过当上面,如同于欢案牵动人心一样,"反杀案"的处理无疑具有强大的示范效应。(9月3日《光明日报》)|前段时间的"昆山反杀案",虽说昆山市公安局和检察院相继发布通报,认定于海明的行为属于正当防卫,不负刑事责任,但条件成立的关键,恐怕还是因为追砍的两刀落空。(9月20日《中国青年报》)

【反向春运】 fǎnxiàng chūnyùn 春运期间,常年在城市工作的人(多为年轻人)没有乘交通工具回家乡看望父母、孩子,而让父母、孩子乘交通工具到自己所在的城市团聚，一起过春节。这种旅客流动与春运通常的旅客流动方向相反，故称。也称“反向团圆”。例具体表现在，春运期间从城市到农村、从大城市到小城市、集中赴热点景区游玩等单向出行的需求过于旺盛（简称春运顺向需求），而从农村到城市、从小城市到大城市、从热点景区返回等反向春运需求相对很少。（1月10日《北京青年报》）｜反向春运的兴起，让人眼前一亮。父母在哪里，家就在哪里，将父母接到自己所在的城市，既可免返乡之难，又可解思亲之渴，何乐而不为？（2月9日《光明日报》）

【*芬太尼】 fēntàiní 名词。一种强效麻醉性镇痛药。用于治疗疼痛和手术镇痛，药理作用与吗啡相似。因其衍生物被视为“实验室毒品”，我国已宣布从2019年5月1日起将芬太尼类物质列入《非药用类麻醉药品和精神药品管制品种增补目录》。例缓解疼痛最直接的办法是根据不同的病因采取不同的治疗方法，首先积极治疗肿瘤，其次是使用阿片类镇痛药物控制疼痛，包括吗啡、羟考酮、芬太尼以及辅助治疗的一些药物。另外一些非药物治疗方式也能改善和治疗癌痛。（3月9日《北京晚报》）｜加大对芬太尼类等新精神活性物质监管力度，严厉打击制造、走私新精神活性物质犯罪活动，破获上海灿禾公司张磊案等新精神活性物质大案，依法严惩了一批犯罪分子。（6月6日《经济日报》）

G

【GDPR】 通用数据保护条例。GDPR，英文 General Data Protection Regulation 的缩写。例考虑到网络安全有其特殊性，并非传统意义上的安全问题，欧盟借 GDPR 抢占全球网络治理话语权的考量或将面临挑战。（5 月 30 日《经济日报》）|2018 年 5 月，有史以来规模最大、最具惩罚性的数据保护法——欧盟《通用数据保护条例》（GDPR）生效，引发全球关注。（11 月 9 日《光明日报》）

【杠精】 gàngjīng 名词。网络用语。指喜欢挑刺儿，反驳，抬杠成瘾的人。例有人用“杠精”来形容动辄抬杠的情形，可如果只是生活上有不同看法、工作中提出改进意见就被如此称呼，岂不冤枉？（6 月 6 日《人民日报》）|与网络霸凌相比，杠精似乎不是专门要针对谁，他们说自己的话，把别人气得无话可说。（6 月 22 日《中国青年报》）

【*鸽】 gē 动词。网络用语。指“放鸽子”。意为欺骗、失约。例在“放鸽子”语境中，“鸽”字的实际语用已日渐动词化，常以“被鸽了”“直接鸽了”等短句表述，简省清脆。（3 月 26 日《新京报》）|亚运会电竞比赛直播被鸽？官方溜粉最为致命。（8 月 27 日凤凰网）

【割韭菜】 gē jiǔcài 动词。比喻股市中的机构、基金和大户抛售股票导致股价大跌，再重新以低价买入建仓，从广大股民（特别是散户）身上获取利益。因这种做法类似用刀收割韭菜，故称。例他们的信息被轻易泄露，无非是拥有信息的相关渠道，在客户信息保障机制上严重缺失，甚至为了蝇头小利廉价倒卖投资者信息，导致投资者一轮又一轮地被“割韭菜”。（7 月 27 日《新京报》）｜一些自媒体大号存在虚假宣传问题，误导投资者投资虚拟货币，部分区块链媒体甚至与虚拟货币发币方联手，利用股市操作手法，在某些虚拟货币上“坐庄”，对虚拟货币采取暴涨暴跌操作，俗称“割韭菜”。（8 月 28 日《经济日报》）

【公地喜剧】 gōngdì xǐjù 公共物品没有因产权难以界定而被竞争性地过度使用或侵占的现象。与“公地悲剧”相对。例相对宽松而又恰当的竞争政策对互联网领域“公地喜剧”的持续存在也是十分重要的。（2 月 25 日搜狐网）｜我们的初步研究表明，在互联网领域，规模收益递增（边际成本递减）是“公地喜剧”的必要条件，网络外部性外部化（共享经济）是“公地喜剧”的充分条件。（2 月 25 日搜狐网）

【公式相声】 gōngshì xiàng·sheng 用公式创作的相声。见“相声公式”，79 页。例这两天，相声界翻腾起一些不大不小的浪花。以“公式相声”红遍网络的上海交大博士夫妻火了。（8 月 20 日《光明日报》）｜博士夫妻的表现迅速引发网友调侃，不少网友表示出对“公式相声”的不解，认为这两位博士表现出来的情商堪忧。（8 月 20 日《光明日报》）

【公佣】 gōngyōng 名词。指公司中集体或团队的佣金归集体或团队共同支配。与“私佣”相对。例工作休闲，提成公佣，无需站立上班，没事干可以看电视上网，特别轻松的高工资工作。（2月28日搜狐网）|过往这些部门一直隶属后台，员工拿固定工资和绩效工资，后来公司为了激励员工才额外增加从公司“公佣”部分里拆分“佣金”分配给员工，所以这在一定程度上也属于额外福利。（10月9日新浪网）

【共生院】 gòngshēng yuàn 名词。引入体验式民宿，原住户与游客同住一院的院落。例在上周六召开的西城区名城委2018年会上，什刹海银锭桥胡同7号的“共生院”项目引起了不少专家的兴趣。（12月17日《北京日报》）|银锭桥胡同7号“共生院”民宿项目于今年7月份启动试营业，5个月来已接待六七十拨儿游客。（12月17日《北京日报》）

【共享护士】 gòngxiǎng hù·shi 基于“互联网+”的一种新型医护模式。通过线上接单、线下服务的方式满足用户不同的护理需求。即用户通过手机APP呼叫护士到家中，护士提供打针、输液、换药、理疗、术后护理等服务。例“共享护士”提供的并非是基本的医护服务，而是“附加”和“升级”服务，因此价格比医院门诊高属于正常现象，但价格是否合理没有统一的衡量标准。（6月22日《新民晚报》）|依托共享经济的浪潮，共享护理成了人们关注的焦点。这一新型服务被人们称为“共享护士”，让医院和家庭的场景切换成为可能。（7月11日《人民日报》）

共享床铺 共享单车 共享家居 共享经济 共享零钱 共享马扎 共享农场 共享农庄 共享汽车 共享书店 共享衣橱 共享衣服 共享雨伞 共享纸巾 共享电单车 共享电动车 共享健身仓 共享睡眠舱 共享自行车

【官伞】 guānsǎn 名词。指充当黑恶势力保护伞的官员。他们利用职权，为黑恶势力从事违法犯罪活动提供便利和保护。例要持续深入推进扫黑除恶专项斗争，深挖“官伞”“警伞”和不作为不担当的“变相保护伞”，打“财”断“血”，充分发挥基层党组织战斗堡垒作用。(12 月 5 日人民网)|要坚持“扫黑”“打伞”同步推进，深挖根除“官伞”“警伞”和不作为不担当的变相“保护伞”，不断净化全区政治生态和社会生态。(12 月 11 日新浪网)

【*官宣】 guānxuān 动词。网络用语。官方宣布。原指政府方面发布(消息)，现也泛指主管部门发布(消息)。例因为劳工证更新需要在工作日完成，这笔交易可能要拖到周二官宣，桑切斯的首秀最快是本周末与约维尔的足总杯第四轮。(1 月 22 日《新民晚报》)|虽然中国足协还没有官宣出征女足亚洲杯的名单，但亚足联在当地时

间29日公布了各队参加亚洲杯的23人名单。(3月31日《人民日报》)

【官宣体】 guānxuān tǐ 名词。一种在网络上流行的语言表达形式，格式为“官宣：……”。因2018年10月16日赵丽颖和冯绍峰宣布结婚而走红网络。例官宣体成为热门话题，喜欢借势营销的各大品牌也按捺不住他们的脑洞，纷纷借着官宣体造势。(10月16日搜狐网)|最近，从朋友圈到微博，大家都在用“官宣体”。(12月10日《今晚报》)

【规上】 guīshàng 形容词。“规模以上”的简称。这里的规模，指工业企业年主营业务收入达2000万元以上。例门头沟曾以“黑白灰(煤炭、白灰、水泥)”为主导产业，近年转向高质量发展，规上高新企业收入增速在中关村“一区十六园”中名列第二。(1月3日《人民日报》)|据了解，青岛建设了黄岛、即墨、董家口三个错位发展的船舶及海洋工程集聚区，共有规上企业81家，其中船舶及浮动装置制造企业70家、海工装备企业6家。(10月22日《光明日报》)

【规上工业】 guīshàng gōngyè “规模以上工业企业”的简称。这类工业企业年主营业务收入应达到2000万元人民币及以上规模。例 2017年，重庆保税港区规上工业产值、固定资产投资、实际利用外资等关键指标位列全国14个保税港区第一，整体发展水平位居全国保税港区前三名。(1月29日《经济日报》)|全省规上工业中，非煤产业对工业增长贡献率达64.8%。(1月8日

《人民日报》）

【规上企业】 guīshàng qǐyè “规模以上企业”的简称。指符合国家规定的规模要求的企业。一般以年产量作为标准，分为特大型企业、大型企业、中型企业、小型企业等。例 至 2017 年底，我国家具行业规上企业共有 6000 家，其中金属家具制造企业 998 家，占 16.63%，同比增加 47 家。（9 月 10 日《经济日报》）| 规上企业亩均税收达到 23.7 万元，较上年增长了 16.2%，亩均主营业务收入 595.8 万元，较上年增长 39.5%，亩均利润 20 万元，较上年增长了 23%。（10 月 24 日《中国青年报》）

H

【海草舞】 hǎicǎo wǔ 名词。网络用语。抖音上的一种舞蹈，因其背景音乐源于《社会摇》原创作者萧全的最新专辑《海草舞》，故称。例 2017 年春节，快手的“老铁双击 666”成为口头语，2018 年的春节，抖音的海草舞让人们痴迷。（4 月 19 日《光明日报》）| 尽管短视频的玩法已经历经小咖秀的台词表演、美拍的社会摇，以及抖音的海草舞，但这个行业的商业模式仍然单一。（7 月 2 日《新京报》）

【*海淀网友】 hǎidiàn wǎngyǒu 北京市海淀区的社区

治安志愿者。他们经常通过网络向警方提供各类办案线索。与“朝阳群众、西城大妈、石景山街坊”等类似，是北京市公共治安群防群治的群体。例犯罪嫌疑人潜入金三角地区买毒运毒，伪装成“速溶饮料”邮寄后，欲进京分销，被“海淀网友”举报。海淀警方一路追踪侦查，最终破获近年来北京最大运毒案。（6 月 20 日《北京晚报》）|相关部门连续报道推出“西城大妈”“海淀网友”“丰台劝导队”等首都群防群治典型群体为守护平安做出的突出贡献，被广大网友称为“给力民间组织”，进一步调动了广大群众参与社会共治的积极性。（11 月 2 日《北京青年报》）

【海螺人】 hǎiluórén 名词。网络用语。海螺看上去安安静静，把它放在耳边，就能听到海浪的声音，故用“海螺人”形容外表文静乖巧而内心充满激情的人。例“海螺人”最早出自 2018 年的 8 月 7 日，微博博主@语文指挥中心最早对该词做出解释，该条博文的转发点赞数皆上万，该词也因此走红网络被更多人熟知，成为常见的网络流行语。（10 月 17 日搜狐网）|大别山麓元圩村的“海螺人”：扎根干事做永不撤退的扶贫队（11 月 20 日中国新闻网）

【海南自贸试验区】 hǎinán zìmào shìyànqū “中国（海南）自由贸易试验区”的简称。2018 年 4 月 13 日，习近平在庆祝海南建省办经济特区 30 周年大会上郑重宣布，党中央决定支持海南全岛建设自由贸易试验区。2018 年 4 月 14 日，中共中央、国务院发布《关于支持海南全面深化改革开放的指导意见》，明确以现有自由贸易试验区试点内容为主体，结合海南特点，建设中国（海南）自由贸易试

验区，实施范围为海南岛全岛。2018 年 10 月 16 日由国务院批复同意设立中国（海南）自由贸易试验区。例《方案》指出，建设海南自贸试验区是党中央、国务院着眼于国际国内发展大局，深入研究、统筹考虑、科学谋划做出的重大决策，是彰显我国扩大对外开放、积极推动经济全球化决心的重大举措。（10 月 17 日《人民日报》）|有分析人士预计，此次海南自贸试验区取消新能源汽车制造外资准入限制，将会在世界范围内吸引更多的汽车厂商加入到中国新能源市场的竞争当中。（10 月 25 日《中国青年报》）

【候补购票】 hòubǔ gòupiào 12306 平台的一种购票服务方式。旅客在车票售完的情况时，在 12306 平台登记购票信息并支付预购票资金，如果有退票、余票，平台将自动为该旅客购票。例昨天，中国铁路总公司公布了“候补购票”试点细则，从 12 月 27 日起，选取春运能力部分紧张方向的长途区段开展试点。（12 月 23 日《北京青年报》）|铁路部门为满足更多购票者的需求，一直在努力完善有关机制，今年还推出了“候补购票”服务，有助于解决部分乘客的困难。（12 月 25 日《中国青年报》）

【忽悠式回购】 hūyoushì huígòu 股价暴跌时，上市公司通过回购股票来稳定股价。因这种股份回购容易滋生其他问题，如内幕交易、利益输送或忽悠投资者等，故称。与

“护盘式回购”相对。例影响回购意愿的因素比较复杂，不仅包括客观方面为了完成业绩兑现、采取资产注入等方式的回购，还可能主观存在套路减持、提升股价的“忽悠式回购”。（9 月 18 日《经济日报》）| 要防范利用股份回购实施内幕交易、操纵市场、信息披露违法、“利益输送”、“忽悠式回购”等违法违规行为。（11 月 12 日《人民日报》）

【湖长制】 húzhǎngzhì 名词。按职责分工组织实施湖泊管理保护工作的制度。各省、市、自治区行政区域内主要湖泊，跨省级行政区域且在本辖区地位和作用重要的湖泊，由省级负责同志担任湖长；跨市地级行政区域的湖泊，原则上由省级负责同志担任湖长；跨县级行政区域的湖泊，原则上由市地级负责同志担任湖长。同时，湖泊所在市、县、乡要按照行政区域分级分区设立湖长，实行网格化管理。2017 年 12 月 26 日，中办、国办印发《关于在湖泊实施湖长制的指导意见》，要求 2018 年年底前全面建立湖长制。例各省（自治区、直辖市）要将本行政区域内所有湖泊纳入全面推行湖长制工作范围，到 2018 年年底前在湖泊全面建立湖长制。（1 月 5 日《经济日报》）| 据介绍，目前全国水域面积大于 1 平方公里的湖泊共有 2865 个，已有 2180 个湖泊建立了湖长制，水利部计划在年底前在全国全面建立该制度。（3 月 10 日《人民日报》）

*林长制 *楼长制 *路长制 *滩长制 *湾长制

【护盘式回购】 hùpánshì huígòu 证监会允许上市公司为提升股价而进行的股票回购。2018 年 11 月 9 日，证

监会、财政部、国资委发布《关于支持上市公司回购股份的意见》明确回购标准。与“忽悠式回购”相对。例上交所称，尽快制定配套规则支持股份回购；并购重组利好政策频频出台；“护盘式回购”获支持。（10 月 29 日《新京报》）|上交所发布《上市公司回购股份实施细则》并公开征求意见。细则完整体现了精细监管的思路，松紧结合，张弛有度。对护盘式回购亮“绿灯”。（11 月 25 日环球网）

【化工围江】 huàgōng wéijiāng 我国化工企业之前出于运输成本、取水、环境承载力等因素的考虑，大多建在沿江、临海地区，从而导致生态环境被破坏的现象。也称“重化工围江”。例 2016 年以来，湖北宜昌市意识到“化工围江”对制约城市发展的严重性，下定决心，制定化工污染整治工作方案。（6 月 14 日《中国青年报》）|为了破解“化工围江”难题，宜昌计划 3 年内“关改搬转”134 家化工企业，涉及职工 5 万余人。（8 月 16 日《人民日报》）

【回租贷】 huízūdài 名词。一种逃避国家监管的网络贷款模式。以手机租赁和回购的形式进行非法借贷，借款人把手机“抵押”给借贷平台，以借短期小额资金。借贷平台评估手机价格，并与借款人约定借款期限和还款金额。例所谓“回租贷”，即申请人以“抵押”手机的形式借款，但实际上手机仍在申请人手中。（7 月 2 日《北京青年报》）|今年 6 月 25 日，全国学生资助管理中心再次拉响警笛，发布 2018 年第 3 号预警，警示大学生，“回租贷”中有陷阱，广大学子请小心。（11 月 2 日《中国青年报》）

车贷 房贷 婚贷 裸贷 网贷 处女贷 二胎贷 光伏贷 活利贷 美容贷 首付贷 税务贷 套路贷 *套现贷 旺农贷 陷阱贷 小微贷 校园贷 颜值贷 宜车贷 助保贷 助力贷 *租客贷 裸条借贷 *政采云贷 农民安家贷

【慧采】 huìcǎi 名词。“智慧政采”的简称。见 95 页。例 据了解，阳煤集团将以“慧采平台”为基础，以办公用品类物资采购合作为契机，继续增加采购品类，以期与京东集团实现电子商务、互联网金融等多领域合作。（2 月 7 日《市场信息报》）| 目前京东企业购的四大采购平台——智采、慧采、云采和翼采平台，均接入了京东 AI 服务，可利用人工智能完成智能寻源、智能搜索、智能决策、智能对账、智能应答咨询等服务，大大提升企业运营效率。（9 月 20 日凤凰网）

【货物无边】 huòwù wúbiān 指未来的货物将不拘泥于固有的形态，单一的货物转变成“货物＋服务＋数据＋内容”的组合，其价值重心由交易环节转移到交易之后的交互环节，价值得到跃升。例“货物无边”还意味着消除产业的边界，未来的产业会从独立走到深度融合，从而形成价值的跃迁。（1 月 28 日网易网）| 京东对零售未来趋势做出的终极判断是无界零售，在“场景无限、货物无边、人企无间”的无界零售图景中，京东通过积木模块开放基础设施能力，这其中包括最复杂成熟的 SKU 管理系统，最完整、价值链最长的零售数据，最有活力的会员运营体系，广泛的营销触达网络以及高效的物流服务能力等。（11 月 8 日《经济日报》）

I

【IPP 行动】　IPP xíngdòng　知识产权司法保护行动。IPP，英文 Intellectual Property Protection 的缩写。例 腾讯将发起知识产权司法保护行动（Intellectual Property Protection，简称“IPP 行动”），基于腾讯 20 年的技术积累和大数据分析能力，联合政府、企业、合作伙伴共同搭建知识产权司法保护平台，从技术创新、刑事打击、行业研究、司法建议四个维度协同作战，将知识产权保护生态推进“最后一公里”。（12 月 2 日千龙网）|2018 互联网知识产权司法保护论坛召开，腾讯牵头发起 IPP 行动。（12 月 4 日东方看点）

J

【积极废人】　jījí fèirén　网络用语。指心态积极向上而行动拖拉无力的人。特点是经常给自己树立目标，但从来不去实现。例“积极废人”某种程度上是社会问题的一

种反映，年轻人以一种类似于撒娇和抱怨的方式，向生活提出温和的抗议——比如能否给年轻人的“积极”予以更积极的反馈？（5月8日《新京报》）|要想避免自己成为“积极废人”，最重要的还是要有执行力。（5月9日《中国青年报》）

【*疾风一代】 jífēng yīdài 原指1948年随英国政府派出的帝国疾风号轮船回英格兰工作的加勒比人。现泛指1948年至1971年从加勒比国家，包括牙买加、特立尼达、多巴哥和巴巴多斯移民到英国的人。例英国媒体近期报道，根据英国政府2012年出台的更严苛遣返非法移民规定，因无法提供有关自身合法居留身份的文书，一些“疾风一代”移民无法享受医疗服务；在租住房屋、就业方面遇到困难；甚至被政府人员告知属于非法居留的“黑户”，必须离开英国。（5月1日《北京青年报》）|英国政府许诺给“疾风一代”公民待遇。（5月2日《北京晚报》）

【纪法】 jìfǎ 纪律和法律的合称。新修订的《中国共产党廉洁自律准则》和《中国共产党纪律处分条例》坚持纪在法前，纪严于法，故称。例当前要着力解决反腐败斗争中存在的行政监察范围过窄、反腐败力量分散、纪法衔接不畅等突出问题，为反腐败工作开创新局面提供重要政治和法治保障。（3月16日《人民日报》）|强化监督执纪问责，确保案件处理取得良好政治效果、纪法效果和社会效果，确保案件质量经得起历史和人民的检验。（12月17日《中国青年报》）

【家里有矿】 jiālǐ yǒukuàng 网络用语。形容某人家财

无数，非常富有（多用于调侃）。例 杜牧：家里有矿，心头也慌（11 月 30 日中国新闻网）|“家里有矿”！年末多家A 股公司加入卖房大军，想不到一幅名画也来“救急”！还有更隐蔽的事情让人防不胜防！（12 月 16 日凤凰网）

【借手取财】 jièshǒu qǔcái 借他人之手牟取钱财。特指某些党员干部假借商人之手为自己牟取非法利益。例 在巡视反馈报告中，中央巡视组开创了“软”问责、“硬”问责、花架子、借手取财、虚假飘浮等不少“新词”，生动形象、一针见血，给人留下深刻印象。（7 月 27 日《新民晚报》）|在缺乏有效的外部监督下，“掌权者”“借手取财”，与商人关系模糊暧昧，在行使公权力时，不知不觉地偏袒利益关系企业，最终深陷犯罪泥潭。（8 月 1 日中国新闻网）

【金课】 jīnkè 名词。指高等教育中具有高阶性、创新性、挑战度的课程。例 合理增加大学课程难度、拓展课程深度、扩大课程的可选择性，激发学生的学习动力和专业志趣，真正把“水课”变成有深度、有难度、有挑战度的“金课”。（7 月 30 日《中国青年报》）|把“水课”变“金课”，激发学生的学习动力和专业志趣（9 月 26 日《人民日报》）

【金特会】 jīntèhuì 名词。义同“特金会”，见 64 页。例 金特会是一个前所未有、千载难逢的机会，有望解开冷战遗留的最后一个死结，有望为半岛和东北亚地区开启永久和平的时代。（6 月 20 日《中国青年报》）|分析人士认为，尽管蓬佩奥此行并未敲定第二次朝美首脑会晤的时间和地点，但朝方和美方均明确表达了尽快举行第二轮“金特会”的意愿，并决定早日启动相关工作磋商，因此首脑会晤的最终方案可望在双方进一步磋商后出炉。（10 月 9 日《光明日报》）

📖 2018 年 6 月 12 日，朝鲜最高领导人金正恩与美国总统特朗普在新加坡举行会晤。这是朝美在任领导人史上首次会晤。

【*锦鲤】 jǐnlǐ 名词。网络用语。一种观赏鱼。后因 2018 年国庆期间的一个网络抽奖活动，借用来指一切跟好运相关的事物。例看似多方共赢的“锦鲤”营销背后，其实风险暗藏，一些违规违法的营销行为，还有待多方合力加以整治规范。（10 月 17 日《人民日报》）|每天转发锦鲤，祈求一夜暴富。（10 月 24 日《中国青年报》）

📖 2018 年国庆期间，支付宝官方微博开展了一个抽奖活动，从转发此条抽奖微博者中抽奖，抽中的人为“中国锦鲤”，吸引 300 多万次转发。10 月 7 日支付宝揭晓了抽奖结果，幸运的“中国锦鲤”获得了“中国锦鲤全球免单大礼包”。“锦鲤”立马走红，网络上掀起了转发配有“锦鲤转运”“锦鲤祈愿”“锦鲤保佑”“锦鲤还愿”等文字的锦鲤图像的热潮。“锦鲤”于是成为“好运”的象征。

【进博会】 jìn bó huì 名词。“中国国际进口博览会”的简称。第一届进博会于 2018 年 11 月 5 日至 10 日在上海举行，是世界上第一个以进口为主题的大型国家级展会。例上海市特意为“进博会”打造了“6 天＋365 天”一站式交易促进平台，为参展商提供“参展一周，服务一年”的优质环境。（7 月 30 日《中国青年报》）|据有关方面的统计数据，本届进博会企业展已有来自 130 多个国家和地区的 2800 多家企业、15 万多人确认参展，国家展已有 80 个国家确认参展。（10 月 11 日《中国青年报》）

【禁芯】 jìnxīn　名词。指中美贸易摩擦中，美国商务部禁止给中兴通讯股份有限公司供应芯片。例美国商务部对中兴的“禁芯”惩罚，里面肯定有特朗普因素。(4月20日搜狐网)|18日晚，中国计算机学会青年计算机科技论坛(CCF YOCSEF)紧急召开了一场名为“生存还是死亡，面对禁芯，中国高科技产业该怎么办?”的特别论坛，论坛上国产芯片相关领域的专家纷纷为中国芯片面临的危机与未来出谋划策。(4月20日环球网)

【警伞】 jǐngsǎn　名词。指充当黑恶势力保护伞的警察。他们通过庇护纵容涉黑涉恶活动，帮助黑恶势力逃避刑事打击。例加大从严治警力度，铲除内外勾结的害群之马，刀刃向内、决不姑息，清除“警伞”。(11月13日澎湃新闻)|要把扫黑除恶与反腐败斗争和基层“拍蝇”结合起来，清除“官伞”、清除“警伞”、清除不作为不担当的变相“保护伞”。(12月8日《中国纪检监察报》)

【拒绝令】 jùjuélìng　名词。指由美国商务部发布的禁止美国供应商与中国中兴通讯公司商业往来的禁令。例中兴发布内部信称，美国商务部对公司激活了拒绝令，公司高度重视，第一时间成立了危机应对工作组。(4月18日《新京报》)|近日，美国商务部对中兴通讯激活拒绝令一事，让自主创新的议题备受关注。(4月25日《人民日报》)

禁韩令　禁投令　禁土令　禁娱令　停机令　限酬令　限韩令　限卡令　限穆令　限塑令　限童令　限投令　限玩令　限移令　限娱令　难民禁令　入境限制令　移民限制令

K

【开孔屏】 kāikǒng píng 名词。义同“挖孔屏”，见 69 页。例开孔屏就是在屏幕上开一个洞，用于放置前置摄像头。（11 月 29 日中华网）|三星此举直接跨过了“刘海屏”阶段，越级来到了更接近完整全面屏的“开孔屏”形态。（12 月 27 日中华网）

相关词语见“AI 分身”。

【科创板】 kēchuàng bǎn 名词。“科技创新板”的简称。指股票交易市场专门为科技型和创新型中小企业服务的板块。原为地方性区域股权市场的股权报价系统，如上海股权托管交易中心科创板、重庆股份转让中心科创板等。现为上海证券交易所新设立的股票板块。2018 年 11 月 5 日在首届中国国际进口博览会开幕式上由国家主席习近平宣布设立。例从市场功能看，科创板应实现资本市场和科技创新更加深度的融合。（11 月 12 日《人民日报》）|尽管在上交所设立科创板的消息让许多人倍感意外，但扩大科创企业直接融资的渠道，资本市场早已有所准备。（11 月 13 日《中国青年报》）

【快警】 kuàijǐng 名词。调动组织各种相关警力，快速反应，及时处置警情的治安机制。也指执行这种任务的警察。例如今在邵阳市，乡里村村有辅警，城区随时见"快警"。(11 月 7 日《湖南日报》)｜为化解治安形势严峻和基层警力不足的矛盾，该市公安局在农村推行"一村一辅警"，在城区实行"快警"驻街，警力下沉，提高街面见警率，使矛盾纠纷从源头上得到化解，治安状况也明显好转。(12 月 13 日《人民日报》)

【快消品】 kuài xiāo pǐn 名词。"快速消费品"的简称。指使用寿命短、消费速度快的产品。例糖果和坚果都属于快消品，尼尔森调研显示，快消行业去年春节期间整体同比增长 13%。(2 月 10 日《经济日报》)｜不管是方便面等快消品的江河日下，还是电动牙刷、扫地机器人等智能产品购物潮的兴起，都折射出人们对品质消费的追求。(7 月 31 日《光明日报》)

【矿币】 kuàngbì 名词。虚拟数字货币。由特定字符串组合而成的数据值。因通过计算机运算挖取的过程类似"挖矿"，故称。例尝到甜头的他后来不满足于受制于上线，他对 58 迅推的增值客户端、挖矿程序进行修改，内嵌了自己的 HSR("红烧肉币")钱包地址，被控主机在挖矿时挖到的矿币会转到自己的 HSR 钱包中。(7 月 10 日《法制日报》)｜挖到的矿币会转移到贺翔成等人的虚拟货币钱包中，由公司财务主管励芸随时变现提现，并按照控制的终端数向代理分发提成。(9 月 6 日《检察日报》)

Q币 狗币 *撒币 微币 比特币 德州币 FB币 赫尔币 量子币 量子链 流量币 门罗币 全球币 瑞波币 瑞泰币 万福币 微盟币 亚欧币 以太币 知乎币 加密货币 山寨货币 数字货币 虚拟货币 亚马逊币

【*矿圈】 kuàngquān 名词。获取虚拟数字货币的行业圈子。参见“矿币”。例 2018年，对矿圈来说是大踏步的一年，也是天灾人祸撞在一起的一年。（12月26日新浪网）|《中国经营报》记者采访发现，受到币价走低影响，矿圈各个产业链环节均受到不小的冲击，而这一影响或将会持续一段时间。（12月29日中国经营网）

L

【冷恋】 lěngliàn 动词。网络用语。平淡冷静，不主动、不热情地恋爱。仿“热恋”造词。例 确认过眼神，都是“冷恋”的人（8月7日网易新闻）|“冷恋”从字面意思来看，是热恋的反义词。简单来说，就是冷静地恋爱。（8月21日《北京青年报》）

【冷恋人】 lěngliànrén 名词。网络用语。指对恋爱平淡冷静，不主动、不热情的人。例“冷恋人”习惯用“不主动、不承诺、不负责”的三不原则来处理感情。（8月21

日《北京青年报》)|“冷恋人”是2018年网络流行语,是指经历过怦然心动、轰轰烈烈、毫无保留的爱情之后,无数中年少男少女们进入了人生的新阶段——冷恋期。(6月28日搜狐网)

【离场论】 líchǎnglùn 名词。“民营经济离场论”的简称,见44页。例众说纷纭,莫衷一是;民营经济之争,短短50天经历了“离场论”到“自己人”的惊心动魄。(11月19日搜狐网)|民营经济发展,是中国改革开放四十年的成果,有人说离场就离场了?离场论既不符合历史,不符合现实,更不符合大政方针。(12月3日搜狐网)

【联合仓配】 liánhé cāngpèi 零售平台建立的整合品牌商和经销商资源,实现资源利用最大化的仓储物流模式。例2018年,京东新通路将从供应链升级、场景升级和营销升级三方面入手,在联合仓配、智慧门店和智能动销等业务上大力推进,迎接无界零售时代的到来。(3月20日美通社)|此次双方合作,王老吉将正式入驻京东掌柜宝平台以及京东便利店,结合双方在品牌力、物流、渠道等多方位优势资源,进一步提升品牌的销售时效,扩大市场覆盖范围和下沉深度,联合仓配模式将全面提升通路效率,与传统渠道模式形成互补,进一步开辟增量市场。(8月22日《北京晚报》)

【链谷】 liàngǔ 名词。指区块链产业中心所在地。例该院由同济大学与苏州政府联手打造,落地苏州高铁新城,并致力在此打造中国区块链“链谷”。(5月13日中国日报网)|目前相城区正在集中力量建设全国首个区块链技

术试验场，全力打造国际化社区“链谷”，成为中国区块链产业最具发展潜力的区域之一。（6月4日中国新闻网）

【链克】 liàn kè 名词。迅雷公司推出的基于区块链技术设计的数字资产。原名为玩客币，2017年12月9日正式更名为“链克”。例随着各地ICO项目逐步完成清退，以发行迅雷“链克”（原名“玩客币”）为代表，一种名为“以矿机为核心发行虚拟数字资产”（IMO）的模式值得警惕，存在风险隐患。（1月15日《经济日报》）|中国互联网金融协会发布公告称，迅雷区块链项目中“链克”代替了对参与者所贡献服务的法币付款义务，本质上是一种融资行为，是变相ICO。（1月18日《新京报》）

【两微两端】 liǎngwēi liǎngduān 微信、微博、两种新闻客户端的合称。如人民日报两微两端包括微博、微信、中文客户端、英文客户端。例当得悉人民日报、人民网、人民日报“两微两端”等全媒体平台超过7亿的受众，将通过文字和视频分享他的见解时，古特雷斯非常开心，“这是我所见过的最大平台了”。（4月10日《人民日报》）|人民日报坚持“移动优先”，加快建设“两微两端”，已汇聚3.9亿用户。（10月31日《人民日报》）

【两性一度】 liǎngxìng yīdù “高阶性、创新性、挑战度”的简称。是学校打造“金课”的标准。例要增加“两性一度”：高阶性、创新性、挑战度，特别要聚焦解决复杂问题的能力。（10月26日《光明日报》）|教育部高等教育司司长吴岩日前首次给出解答：“两性一度”是“金课”标准，即高阶性、创新性、挑战度，反之，“水课”则是低阶性、陈

旧性和不用心的课。（12 月 5 日《光明日报》）

【两增两控】 liǎngzēng liǎngkòng 中国银行业监督管理委员会对银行业小微企业金融服务提出的新目标。“两增”即单户授信总额 1000 万元（含）以下小微企业贷款同比增速不低于各项贷款同比增速，贷款户数不低于上年同期水平；“两控”即合理控制小微企业贷款资产质量水平和贷款综合成本。例今年 5 月以来，银保监会实行“两增两控”新目标。（10 月 14 日《经济日报》）|2018 年，为更好的推动“两增两控”及“三个不低于”各项工作的完成，分行组织开展业务专项拓展活动支持精准扶贫，扎实有效地践行发展普惠金融。（11 月 15 日《北京晚报》）

【*灵鲲】 líng kūn 名词。原指中国神话传说中的大鱼。现指腾讯安全反诈骗实验室研发的金融安全产品——灵鲲大数据金融安全平台。例灵鲲大数据平台发挥了腾讯近 20 年的 QQ 黑产打击经验、AI 技术优势，以及全球最大的黑产知识图谱，克服和解决了现有金融监管行业“数据、算法、计算力”不足的问题。（7 月 2 日人民网）|腾讯安全的智慧共治平台已基于大数据技术优势，整合了灵鲲金融安全大数据平台、麒麟伪基站定位系统、鹰眼智能反电话诈骗系统等。（9 月 19 日《光明日报》）

【六个钱包】 liùgè qiánbāo 网络用语。男女双方的父母、祖父母、外祖父母，他们共同凑钱为年轻人提供购房首付，故称。例若想有一套属于自己的房子，竟然要掏空夫妻双方的父母、爷爷奶奶、外公外婆三代人“六个钱包”的积蓄？（4 月 25 日《中国青年报》）|如果不去收集这“六个钱包”，单靠自己的力量已经难以在一线城市买

房。（4 月 26 日《新京报》）

【**龙江二号**】 lóngjiāng Èrhào 全世界第一个独立完成地月转移、近月制动、环月飞行的微卫星。由哈尔滨工业大学研制。[例]历经 113 小时飞行，于 5 月 25 日 22 时成功实施近月制动，“龙江二号”微卫星进入近月点 350 千米、远月点 13 700 千米的环月轨道。（6 月 15 日《人民日报》）|由我国哈尔滨工业大学自主研制的月球轨道超长波天文观测微卫星“龙江二号”目前已进入环月轨道。（6 月 15 日《新民晚报》）

【**楼长制**】 lóuzhǎngzhì 名词。在小区居民楼设立楼长，负责本楼内的居民沟通、维修、检查、巡访等工作的管理制度。[例]为了让移风易俗、树立文明乡风真正深入基层，实现城市管理精细化和网格化，建立了“街长制”“路长制”和“楼长制”。（1 月 8 日《光明日报》）|村里将 800 多名劳动力进行了分工，成立了保洁队、城管督查队、绿化队、治安联防队，并实施楼长制、督查制等一系列村容村貌管理和维护措施。（6 月 20 日《人民日报》）

相关词语见“湖长制”。

【**陆股通**】 lùgǔtōng 名词。沪股通和深股通的统称。[例]行业配置方面，陆股通持股中，消费服务行业占比最高，近 40%。（1 月 12 日《经济日报》）|沪深股指尽管整体震荡走弱，但陆股通北上资金一直呈现净流入态势。（9 月 8 日《新民晚报》）

M

【马甲车】 mǎjiǎ chē 名词。指网约车平台上的车辆注册信息与实际不一致的网约车。因好像本人穿着别人的“马甲”，故称。例“马甲车”现象有所增加，尽管网约车应该是本地牌照，但总有一些司机钻空子，在平台注册的信息与车辆实际信息不符，由此带来一定的安全隐患。（4 月 2 日《人民日报》）|“马甲车”是指实际车牌号与平台上显示的车牌号不同的网约车，在要求网约车必须拥有本地车牌的上海等地，“马甲车”在网约车市场的占有率很大。（5 月 18 日《北京晚报》）

【码上办】 mǎshàngbàn 动词。一种“互联网＋政务服务”的综合服务平台。由北京市海淀区人力社保局推出。人们通过手机扫描二维码，即可在这个平台上办理社保、人力资源、医保、劳动仲裁等个人业务。因通过手机扫描二维码上线，故称。“码上办”谐音“马上办”，意思是及时、快速地办理。例海淀区人力社保局“码上办”综合服

务平台正式上线。(3月26日《北京晚报》)|从“马上办”到“码上办”,优化营商环境其实也是一个用户体验不断提升的过程。(3月26日《新京报》)

【贸易霸凌】 màoyì bàlíng 指国际贸易中,经济强国对经济实力不及自己的国家实行欺凌和压迫。例美国的农民正在为美国政府的贸易霸凌行径买单。(7月27日《人民日报》)|但今日美国企图通过贸易霸凌让中国重蹈覆辙,明显低估了中国的决心、信心和能力。(10月15日《中国青年报》)

【媒体大脑】 méitǐ dànǎo 我国第一个基于大数据、物联网和人工智能等技术的媒体人工智能平台。由新华云科技有限公司自主研发。为各类媒体机构提供线索发现、素材采集、编辑生产、分发传播、反馈监测等服务。例媒体大脑还善于从大数据中找新闻,目前已生成3条数据可视化新闻。(11月8日《新民晚报》)|今年,新华网将AI成果运用到两会报道中,“媒体大脑”的惊艳亮相引发了广泛关注。(4月22日搜狐网)

【民营经济离场论】 mínyíngjīngjì líchǎnglùn 指认为私营经济已经初步完成了协助公有经济实现跨越式发展的重大阶段性历史重任,不宜继续盲目扩大的主张。源自2018年9月12日发表的一篇题为《中国私营经济已完成协助公有经济发展的任务,应逐渐离场》的文章。随后,经济日报、光明网、人民日报等媒体相继发文批驳。也称“私营经济离场论”“民营经济退场论”。简称“离场论”。例针对“民营经济离场论”“新公私合营论”等错误论调一度甚嚣尘上，习近平总书记一锤定音，让数千万民营企业家吃下“定心丸”。（12 月 8 日《中国青年报》）｜一段时间以来，面对复杂的国内外经济环境，社会上流传着“民营经济离场论”等一些否定、怀疑民营经济的言论。（11 月 2 日《光明日报》）

N

【奶系】　nǎixì　名词。网络用语。指清纯可爱、温柔软萌、具有亲和力的性格表现。例 比起盐系男友，奶系男友显得更有亲切感，他们无论做什么事，都能让人感觉到一股自然散发的可爱少年甜。（1 月 14 日搜狐网）｜同样涉及当下流行的“姐弟恋”，《谈判官》却一反“奶系小狼狗”的常规模式，黄子韬饰演的谢晓飞被网友戏称为“海归哈士奇”。（2 月 9 日新浪网）

法系　佛系　儒系　盐系　道系少女　佛系乘客　佛系父母　佛系购物　佛系恋爱　佛系恋人　佛系浪子　佛系买家　佛系男子　佛系女子　佛系青年　佛系少女　佛系生活　佛系学生　佛系饮食　佛系职员　佛系追星　佛系子女　儒系少女　儒系青年

【南展西扩东进】　nánzhǎn xīkuò dōngjìn　推进我国冰雪运动在各地全面发展的战略。要使原来只在北方开展的冰雪运动形成东南西北遥相呼应、冬夏两季各具特色、冰

上雪上全面开花的新格局，让更多的人参与到冰雪运动中来，迎接2022年的北京冬奥会。例 近年来，随着“南展西扩东进”战略实施力度加大，新疆、内蒙古和更多南方城市融入冰雪“大家庭”中。(2月15日《人民日报》)|据介绍，全国14个省、市、自治区将同时启动大众冰雪季活动，东南西北遥相呼应，展现“北冰南展西扩东进”的成效。(2017年12月17日《北京晚报》)

【嫩总】 nènzǒng 名词。对年轻的企业高管的戏称。例 “女嫩总”不仅执掌千亿国企 还在另外6家单位兼任董监高(11月6日凤凰网)|我们先把“90后”董事放一边，谈谈这位厉害了的“80后”董事长李甜，已经有人称呼她为“嫩总”了。(11月6日新浪网)

P

【帕克号】 pàkèhào 名词。美国2018年8月12日发射的太阳探测器，致力于探索太阳大气层、磁场和太阳风。由美国约翰霍普金斯大学应用物理实验室制造，以美国天

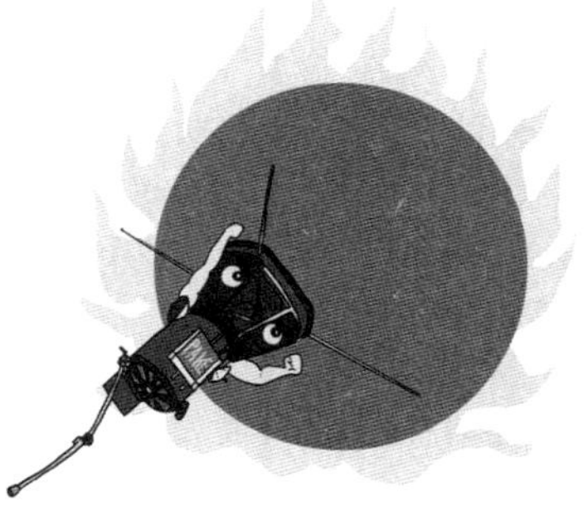

体物理学家尤金·帕克(1927—)的名字命名。例帕克号探测器发射成功:你来人间一趟,你要看看太阳(8月12日搜狐网)|帕克号能在上百万摄氏度的日冕层中存活的重要背景因素。(7月23日新浪网)

【泡菜溢价】 pàocài yìjià 指韩国民众热衷炒作虚拟货币,而当地虚拟货币价格比全球平均价格高出很多的现象。因泡菜是韩国具有民族特色的菜品,故称。例所谓“泡菜溢价”是指由热衷炒作虚拟货币的韩国民众带来的,当地虚拟货币价格相较海外市场高出一截的现象。(3月8日新浪网)|如果按照韩国和美国的不同加密货币价格的溢价来衡量的话,就会发现市场中存在所谓的“泡菜溢价”。(4月30日搜狐网)

【赔审团】 péishěntuán 名词。称在调解理赔争议时参与投票表决的一组人员。仿“陪审团”造词。2018年4月19日,国内首个由消费者决定的保险赔偿案出现,参与投票表决的一组人员由此被称为“赔审团”。例“赔审团”机制首度启用,开创了解决保险理赔争议的新方法,有助于解决用户理赔难、维权成本高等问题,对保证保险公司和消费者具备同等话语权有着积极意义。(4月26日《经济日报》)|最终是否应该理赔,还可以申请“赔审团”审议,家属希望由“赔审团”给予判定。(4月26日《经济日报》)

【赔审员】 péishěnyuán 名词。称在调解理赔争议时参与投票表决的人员。仿“陪审员”造词。例“赔审员”是

通过答卷等方式从 12 万余名应征者中甄选出来的，这也能保证“赔审员”具备一定文化素质，在特定领域具有专业素养。（4 月 24 日《中国青年报》）| 据了解，此次“赔审员”征集过程中有 12 万余父母报名，最终 2 万余名成功通过在线考试认证，获得“赔审员”资质认证。（4 月 26 日《经济日报》）

【皮一下】 píyīxià 动词。网络用语。调皮一下。用于吐槽对方很调皮，不按常理出牌，常用于微博上具有反转性的搞笑内容。例 一个演员的创造力在于求新求变，除了剧本赋予的人物特色，聂远把乾隆这条线一丝一缕地从众多固有形象中扯出来，气场不输，细节不忽，尤其是刻画了乾隆自恋、傲娇、偶尔还能皮一下的趣味。（8 月 3 日《北京青年报》）| 有的纯属好玩，比如土味情话、皮一下，土归土无伤大雅、皮归皮就当调剂。（12 月 21 日《北京晚报》）

📖 该词最早源自方言，并在电竞圈中流行，后来使用范围逐步扩大。2018 年 12 月 19 日，“皮一下”入选国家语言资源监测与研究中心发布的“2018 年度十大网络用语”。

Q

【qiou】 qiǒu 形容词。网络用语。qióng(穷)＋chǒu(丑)＝

qiǒu，是由“穷”的读音与“丑”的读音结合而来的，意思是“又穷又丑”。例一个“qiou”字横空出世，登上微博热搜榜。无论看作网友的自嘲解压，还是对炫富看颜值现象的反讽，折射出的是年轻人渴望成为更美好的自己。（12月7日新华网）|“隐形贫困人口”“积极废人”“qiou”“沙雕”“消费降级”等表现对现实生活无奈的网络流行语密集出现于社交平台。（12月21日光明网）

【*骑手】 qíshǒu 名词。原指擅长骑马的人，特指马术比赛中的运动员。现也用来指骑摩托车、电动车的送餐人员。例滴滴外卖招募“忠诚骑手”和“自由骑手”。（4月18日《中国青年报》）|今年3月，美团点评与清华大学联合启动“城市新青年”计划，对外卖骑手为代表的城市服务业劳动者提供心理热线和学习发展平台。（11月6日《新京报》）

【前播后厂】 qiánbōhòuchǎng 通过直播的形式，主播人到电商供应链基地现场选货，并直接向用户推荐和售卖的模式。例与此同时，国内的时尚产业结构也在互联网的推动下，酝酿着全新的变革，蘑菇街打造的“前播后厂”式时尚供应链模式也在不断发酵。（10月29日人民网）|既能准确把握粉丝的时尚接受度，又能有效避免库存风险，程轩这种类似“时尚众筹”的商业模式被蘑菇街称为

“前播后厂”。(12 月 9 日人民网)

【前置仓】 qiánzhìcāng 名词。指在企业内部的仓储物流系统内,离某个门店或特定消费者最近的货仓。例据悉,“1 小时达”上线的背后离不开京东铺设的大量前置仓。(5 月 29 日《北京青年报》)|从前置仓到消费者手中,靠的是即时物流。(7 月 2 日《人民日报》)

【潜功】 qiángōng 名词。指见效周期长,一时难以明显看到成果的政绩或基础工作。例习近平认为既要做显功,也要做潜功,不计较个人功名,追求人民群众的好口碑、历史沉淀之后真正的评价。(3 月 9 日《人民日报》)|让潜功成为真政绩,要有“功成不必在我”的境界。(5 月 28 日《人民日报》)

【强国体】 qiángguótǐ 名词。一种在网络上流行的语言表达形式,格式为“你看到……但你可能不知道……我在……我是……我希望……强国一代有我在”。2017 年年末,“中国青年报·中青在线”推出媒体活动,请广大青年一起以“强国体”来写 2018 年的新年献词。这篇新年献词于 2018 年 1 月 2 日刊出。例 2018 年,我们用“强国体”向你问好。(1 月 2 日《中国青年报》)|围绕“奋斗青春最幸福,强国一代有我在”进行主题策划,推出了一系列精品图文报道、视频直播、H5、MV、“强国体”表情包、小程序、微电影等线上线下全媒体活动。(4 月 27 日《中国青年报》)

【亲清】 qīnqīng 形容词。习近平总书记提出构建的新型政商关系。“亲”就是主动作为,热情服务;“清”就是要

有担当，干净作为。“亲”是党员干部勤政为民的标尺；“清”是坚守纪律规矩的原则。“亲”与“清”并重，二者相辅相成，是打造优质营商环境的核心。例亲清两安，“企业家琢磨市场，不用琢磨市长”。（1月24日《人民日报》）|要继续推进作风建设，整治各种隐形变异“四风”问题，防范商品交换原则向党内渗透，规范政商交往行为，加快构建亲清新型政商关系。（10月26日《中国青年报》）

📖 2016年3月4日，习近平总书记在全国政协十二届四次会议的民建、工商联委员联组会上指出，新型政商关系，概括起来就是“亲”“清”两个字。

【*亲情价】 qīnqíngjià 指商家对自家亲戚才给的优惠价，多用来表示价格低廉，态度真诚。现为网络用语。指给父母长辈买东西，为了不让他们嫌贵而故意报得很低的价格。例我们对父母说过最多的谎就是“亲情价”，不管这个东西有多贵，在告诉父母的时候，都是很便宜、买一赠一、商场有活动呢。（6月12日搜狐网）|如果东西是给爸妈买的，报“亲情价”是怕父母心疼，舍不得用。（8月13日《今晚报》）

【青桔单车】 qīngjú dānchē 滴滴公司自有的共享单车品牌，寓意是略显青涩但又满含希望的果实。2018年1月25日正式上线。例截至4月底，青桔单车已经连续3个月蝉联成都单车考核榜第一名。（6月6日《人民日报》）|滴滴在收购小蓝单车并推出青桔单车之后，也是以免押金在运营。（7月17日《中国青年报》）

【区块链电子发票】 qūkuàiliàn diànzǐ fāpiào 指运用区块链技术，完全依靠算法而非人力开具出来的消费/支付电子凭证。是深圳市税务局、腾讯公司在“智税”创新实验室的一项产品。采用区块链电子发票，经营者可在区块链上实现发票申领、开具、查验、入账；消费者可实现链上储存、流转、报销；税务局可实现无纸化智能税务管理。例 首张区块链电子发票在深圳开出，可实现交易即开票，开票即报销。（8月15日《经济日报》）| 此次微信开票功能的上线，意味着区块链电子发票，正式走入了深圳市民的日常生活。（12月27日人民网）

相关词语见“电子出生证”。

【区块链媒体】 qūkuàiliàn méitǐ 以区块链技术及其应用为基础打造的媒体。例 近日，不少区块链媒体也迎来洗牌调整，特别是涉及虚拟数字货币交易的媒体公众号。（3月14日《北京晚报》）| 很多项目在上线之后项目方都会操盘，通过和相关区块链媒体的合谋，低价吸收筹码，再高价出售，来提升或者保持币价。（9月4日《北京晚报》）

【*鹊桥号】 quèqiáohào

名词。神话传说中鸟神被牛郎织女的真挚情感所感动而派喜鹊搭成的桥。现也用作嫦娥四号月球探测器的中继卫星的名称。

例记者了解到，鹊桥号中继星是世界首颗运行于地月拉格朗日 L2 点的通信卫星。（5 月 21 日《北京晚报》）|5 月 21 日 5 时 28 分，我国在西昌卫星发射中心用长征四号丙运载火箭，成功将探月工程嫦娥四号任务鹊桥号中继星发射升空。（5 月 22 日《人民日报》）

R

【绕月旅行】　ràoyuè lǚxíng　美国太空探索技术公司推出的登月计划的一部分。计划在 2023 年发射绕月飞行器大猎鹰火箭，从发射开始，七天之后，大猎鹰在离月球仅 200 公里的轨道上进行绕月飞行。例美国有线电视新闻网 18 日报道，“大猎鹰火箭”仍在研制阶段；这趟绕月旅行可能在 2023 年成行。（9 月 19 日《北京晚报》）|以高价收购《无题》的正是前些日子宣布将乘坐马斯克制造的火箭绕月旅行的日本企业家前泽友作，他也是以创新著称。（10 月 17 日《新民晚报》）

【人企无间】　rénqǐ wújiàn　指消费者与企业之间消除角色的分别，实现供需合一、协同共创的新型生产与消费关系。借助新的平台和工具，消费者能够参与到生产端的各项活动中。例正是基于这样的商业判断，近年来，京东围绕与消费者关系最密切的出行与家居场景，大力推

动汽车、冰箱、电视、音箱等传统智能硬件设备智能化升级，“场景无限、货物无边、人企无间”的愿景正在逐步走向现实。（6月15日《经济日报》）|未来提供一整套的零售基础设施来满足场景无界、货物无边、人企无间的需求才是最重要的，京东所扮演的角色就是促进无界零售与实体经济深入融合、快速发展。（9月30日人民网）

【肉股】 ròugǔ 名词。对收益比较大的股票的戏称。例 长飞光纤具有“肉股”潜质，其发行价在今年已发新股中排在第10位，其发行市盈率相对行业市盈率“折价”程度也比较高。（7月10日《中国证券报》）|康辰药业、新兴装备、汇得科技三只新股均具有“肉股”潜质，如果上市后能达到春节后沪市和深市可打新股的平均水平（沪市9个板，深市12个板）的话，则每签获利分别约为5.08万元、3.49万元和4.09万元。（8月14日新浪网）

【入富】 rùfù 动词。指我国A股被纳入富时罗素全球股票指数。例 有机构预计，在“入富”的第一阶段，可以为A股带来百亿美元的资金流入，而在“入富”的三个阶段全部完成后，A股能够吸收到的海外增量资金可以超过千亿美元，相对于富时全球股票指数吸收到的1.5万亿美元资金，这还只是一种保守的估计。（9月28日《北京青年报》）|“入富”意味着国际投资者对A股更加认可，资本市场国际化步伐将进一步加快。（9月28日《经济日报》）

📖 富时罗素是英国伦敦交易所下的全资公司，富时罗素全球股票指数是专门跟踪全球新兴市场指标的股票指数，其指数产品目前已经吸引了全球超1.5万亿美元的资金。

【入摩】 rùmó 动词。指我国 A 股被纳入摩根士丹利资本国际公司新兴市场指数。例 A 股“入摩”为市场带来长期利好,是北上资金不断增加的最主要原因。(7 月 3 日《经济日报》)|随着 A 股正式“入摩”,越来越多的外资金融机构更加深入地了解 A 股市场,也更加看好 A 股市场的长期发展。(7 月 12 日《人民日报》)

S

【撒币】 sǎbì 动词。网络用语。指 2018 年 1 月开始流行的在线直播答题中,为抢夺市场,一些平台不断提供巨额奖金。例 进入 2018 年,最火的新兴事物就是“直播答题”,在线答题模式横扫直播视频行业,“撒币”成为现在最热的词。(1 月 25 日《北京青年报》)|不少金融机构虽然对绿色金融心向往之,但是无奈其“情怀很高,利润很低”,真到下手时不免瞻前顾后,毕竟金融机构不能任性“撒币”。(2 月 6 日《中国青年报》)

相关词语见“矿币”。

【三个一以贯之】 sāngèyīyǐguànzhī 习近平总书记 2018 年 1 月 5 日在党的十九大精神研讨班开班式上提出的要求。即:坚持和发展中国特色社会主义要一以贯

知识窗
相关词语

之；推进党的建设新的伟大工程要一以贯之；增强忧患意识、防范风险挑战要一以贯之。例只有深入贯彻落实好“三个一以贯之”的要求，才能在新时代里实现新目标。（1月10日《光明日报》）|会议强调，全国政法机关要高举习近平新时代中国特色社会主义思想伟大旗帜，深入学习贯彻党的十九大和中央经济工作会议精神，增强“四个意识”，坚定“四个自信”，坚持“三个一以贯之”。（1月27日《中国青年报》）

【三降两稳】 sān jiàng liǎng wěn 我国2018年经济运行特征。“三降”指增长减速，下行压力增大；贸易顺差减少，国际收支方向逆转；经济效益增势弱，工业企业“两端”好于中间。“两稳”指就业稳和物价稳。例 2018年，受国内外环境重大变化的影响，中国经济增长稳中趋缓，总体上呈现“三降两稳”特征。（11月29日《经济观察报》）|中国经济总体呈“三降两稳”特征，预计全年GDP增长6.6%左右，比上年回落0.3个百分点。（11月29日《中国证券报》）

【*沙雕】 shādiāo 名词。一种雕刻艺术，把沙子堆积并凝固起来，然后雕琢成各种各样的造型。用为网络用语时，是“傻屌”（傻瓜；笨蛋）的谐音。例“沙雕”一词是最近最红火的网络语之一，对于第一眼见到该表达的我们都会想，难道这种雕刻艺术已经走入千家万户了？（7月11日搜狐网）|我朋友真是沙雕，他把销售人员推销的东西全买了。（7月11日搜狐网）

【上合智慧】 Shànghé zhìhuì 指上海合作组织（简称“上

合组织”）所贡献的有益于区域合作和全球治理的思想理念及建设性意见。也称“上合方案”。例以“和合”为理念的“中国智慧”已转化为“上合智慧”，必将推动上合组织把有效的实践方式、理性思考、和平主张、美好愿望贡献给国际社会，树立相互尊重、公平正义、合作共赢的新型国际关系典范。（6月9日《中国青年报》）|而整个峰会所体现出的“上合智慧”，也充满了儒家文化的哲学思维与历史思维，体现了儒家处理相互关系的“和合”思想。（6月12日《人民日报》）

*上合方案 上合组织 上合声音 上合力量

【社保入税】 shèbǎo rùshuì 指基本养老保险、基本医疗保险、失业保险、生育保险、工伤保险等各项社会保险均交由税务部门统一征收，在提升企业社保缴费比例的同时扩大社保覆盖面。例我们认为社保入税将社保征收在执行层面收严，将影响此前社保缴纳不规范的一部分民营企业，提升其经营成本。（9月12日搜狐网）|社保入税藏着财税体制改革的方向（9月18日新浪网）

【*社会人】 shèhuìrén 名词。❶网络用语。对“小猪佩奇”的戏称。通过对《小猪佩奇》英文版进行成人化二次创作而得名。例一句“小猪佩奇身上纹，掌声送给社会人”经过多家短视频平台传播后，更是让佩奇成为“社会人”的代表。（5月1日《北京青年报》）|随着小猪佩奇的走红，衍生了不少周边产品，从玩具、文具到书籍等，“社

会人”小猪佩奇的身影无处不在。(8 月 21 日《新京报》)❷对虽然幼稚，但假装深谙世故、桀骜不驯的青少年的戏称。例姚芊羽饰演的“二姐”是一个活生生的“社会人”，狠劲十足，“蛇蝎美人”黑化得足够彻底，让观众看到了“乖乖女”姚芊羽的惊人转变。(1 月 12 日《北京青年报》)|在夏秋的夜晚，一些“社会人”会骑着改装过的鬼火、雅马哈 A8 摩托飙车，有时开上 100 公里/小时，排气筒发出巨大的轰鸣声。(12 月 6 日《新京报》)

【社区智脑】 shèqū zhìnǎo　利用人工智能、大数据技术进行社区服务与治理的智能化系统。例如今借助“社区智脑”将居民区的闲置数据变有用、有用数据变精准、精准的数据变精细，基层治理真正实现了“小事抓细、大事抓实”的目标。(12 月 13 日《经济日报》)|在上海徐汇区田林街道，一套以人工智能和大数据赋能的社区管理平台“社区智脑”，通过遍布社区的近 2000 个神经元传感器，深入居民群众身边，有效提升了社会治理能级。(2 月 13 日央广网)

【声呐电子眼】 shēngnà diàn zǐyǎn　“声呐抓拍系统”的俗称。通常由声阵列采集设备、高清摄像机、数据采集仪和声源自动识别系统等组成，针对机动车在城区内违法鸣笛进行抓拍识别。例当违法鸣笛车辆被声呐电子眼抓拍后，将立

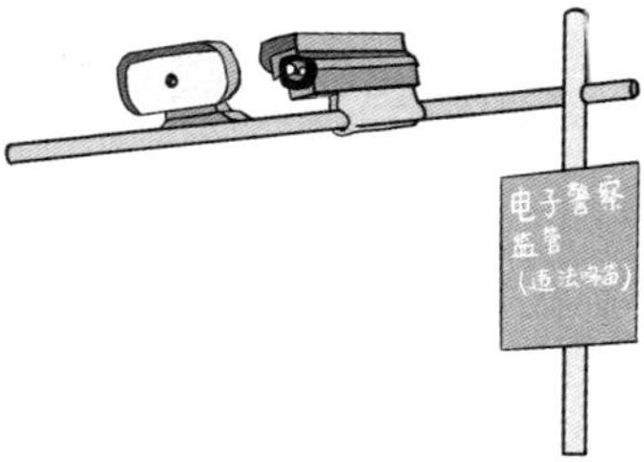

即通过电子显示屏实时现场显示违法车辆号牌。交管部门会以非现场执法方式对违法鸣笛行为进行相应处罚。（4月19日《北京晚报》）| 据了解，“声呐电子眼”系统由声阵列采集设备、高清摄像机、数据采集仪、声源自动识别系统和LED电子显示屏等组成。（4月24日《人民日报》）

【声音鉴黄师】 shēngyīn jiànhuángshī 在语音社交平台上专职依法鉴别涉黄涉暴语音内容的人。例 和视频、图片鉴黄师相比，声音鉴黄师在鉴别涉黄涉暴的过程中，没有视频、图片直观，甚至不能依靠机器识别，只能靠人工听，从庞大杂乱的语音中揪出涉黄涉暴人员，行使禁言、封号等权力。（8月29日腾讯网）| 在上岗前，每一位声音鉴黄师都需要接受一对一的“特殊培训”。网络世界里面的暗语太多了，没有专人进行培训，根本不知道。（11月23日《中国青年报》）

【师徒贷】 shītúdài 名词。指某些公司通过应聘者的面试，并以应聘者需要进行业务培训、上岗培训为名，帮助应聘者到银行所贷的款。这种贷款实质上是违法的。也称“培训贷”。例 有学员担心，贷款协议并不在自己手中，以后是否会以“师徒贷”的名义再扣款，是否会影响未来个人信用记录？他们希望能彻底解除贷款协议。（1月22日《中国青年报》）| 求职青年的大量时间、精力被浪费，还背上一身债。如此“师徒贷”“培训贷”骗局，社会危害性不容小觑。（1月23日《中国青年报》）

【*石景山老街坊】 Shíjǐngshān lǎojiē·fang 指北京市石景山区的社区治安志愿者。与之类似的还有“朝阳群众、

知识窗 相关词语

西城大妈、海淀网友”等。例石景山区举行“社区吹哨我报到，文明创建我先行”主题活动，将报到的基层党组织和在职党员吸纳到“石景山老街坊”社会治理品牌中，成为社会治理的一支重要力量。（4月21日《北京晚报》）|以“石景山老街坊”品牌为支撑，统筹一批文明创城志愿服务队伍。（6月21日《北京青年报》）

【纾困债】 shūkùnzhài 名词。政府或金融机构为解决上市公司资金紧张问题发放的一种救助债券。该债券以解救优质的、值得救助的上市公司为主。例在化解股权质押风险资金来源方面，沪深交易所两单专项“纾困债”已经成功发行。（10月29日《新京报》）|由东兴证券担任牵头主承销商的北京市海淀区国有资本经营管理中心2018年面向合格投资者公开发行支持优质企业发展专项债券（第一期）发行成功。该纾困债发行规模50亿元，为年内最大规模的纾困债。（12月21日搜狐网）

【数据粉】 shùjùfěn 名词。指热衷为自己的偶像在各类排行榜、数据指标上做数据，以提高偶像关注度的粉丝群体。例我之前卸载过微博，属于真的强迫不看的那种。今天突然萌生了变成称职数据粉的野心，就是全心全意做数据的那种。（6月3日豆瓣网）|数据粉真的不容易，他们付出的金钱甚至比做应援所付出的还要多，而做应援还会有很多感谢，而做数据，甚至连名字都没有，买号养号补号所付出的金钱是你所想象不到的。（8月22日豆瓣网）

【数据投毒】 shùjù tóudú 指通过各种手段破坏数据的

完整性或准确性，以实施网络攻击而获利的不法行为。例但是对于网络安全从业者来说，数据投毒已经是一种现实的威胁。一旦数据投毒导致人工智能程序发生了致命性的误判，那么所带来的伤害甚至会带来比现实投毒更大的风险。（11 月 13 日新浪网）|人工智能在给我们带来赋能的同时，自身的安全问题被忽视了，当前人工智能本质上是数据智能，要防止数据投毒。（11 月 29 日搜狐网）

【数字基尼系数】 shùzì Jīní xìshù 衡量地区居民年收入分配公平程度的指标。跟基尼系数相比，衡量的是数字经济的平均度。例报告今年还首次引入了“数字基尼系数”概念。根据“互联网＋”指数估算的数字基尼系数为 0.59，属于相对不均衡的状态，但较去年的 0.62 有所缩小，数字经济发展不均衡状况在一定程度上得到了改善。（4 月 12 日腾讯网）|简单来说，数字基尼系数与基尼系数一样是衡量平均度的，它衡量的是数字经济的平均度。（5 月 13 日搜狐网）

基尼系数是指国际上通用的、用以衡量一个国家或地区居民收入差距的常用指标。基尼系数介于 0～1 之间，基尼系数越大，表示不平等程度越高。

【数字税】 shùzìshuì 名词。欧洲联盟对大型互联网企业征收的一个税种。也称“数字服务税”。例此次韩国税法修正案里对数字服务开征的增值税，本质上是一国政府针对使用本国网络数据且获利的市场主体征收的资源使用金，与之前欧盟拟征收的“数字税”类似。（12 月 17 日《北京青年报》）|“数字税”将影响谷歌、苹果、脸书和亚

马逊等美国企业。这些大型互联网公司的有效税率通常低于其他公司。(12月19日《新民晚报》)

【数字资产化】 shùzì zīchǎnhuà 将数字资产从财务意义上的无形资产估值变成可以流通、交易、抵押的资产的过程。例一是助力金融机构将数字资产化,二是助力金融机构将资产数字化,从资产端、资金端两大方面,降低成本、提高效率,增加收入。(4月25日《新京报》)|京东致力于风险定价,将数字资产化,开发出数字化的消费金融、供应链金融,从而让传统金融忽视的小微企业、年轻人群体可以切实享受到金融的普惠服务。(9月26日搜狐网)

【刷赞】 shuāzàn 动词。通过非正常的技术手段为某一内容点赞,使其在短时间内迅速提高点赞量的商业行为。例若采用的是用户在APP上可以直接看到的前端数据,那么大部分主播应该得到薪水;若采用的是刨去刷量、刷赞等行为的"后端数据",那是否可以认为微视的播放量和点赞量虚高严重。(6月12日《新京报》)|社交平台的刷粉刷赞行为盛行,往往令所谓的热门话题掩盖网民真正关心的民生、经济和社会事件,导致本应成为理性讨论平台的网络公共空间充斥明星八卦和奇闻逸事,挤压互联网优质内容的生存空间。(7月5日《人民日报》)

【双百行动】 shuāngbǎi xíngdòng "国企改革双百行动"的简称。"双百"指百家中央企业子企业和百家地方国有骨干企业。例组织开展"双百行动",就是要在全国国企国资系统抓一批有代表性的基层企业,全面落实国企改革"1+N"政策体系,全面应用前期各项改革试点取得的

经验成果。(8 月 20 日《光明日报》)|据悉,国企改革“双百行动”,根本目的就是通过抓基层、抓典型、抓落实,把更多精力聚焦到解决重点难点实际问题上来。(10 月 16 日《经济日报》)

📖 2018 年 3 月国资委发布《关于开展“国企改革双百行动”企业遴选工作的通知》,国务院国有企业改革领导小组办公室决定选取百家中央企业子企业和百家地方国有骨干企业(简称“双百企业”),在 2018—2020 年期间实施“国企改革双百行动”。

【四力】 sìlì　名词。“脚力、眼力、脑力、笔力”的合称。是习近平总书记在 2018 年全国宣传思想工作会议上对宣传思想干部提出的要求。例 广大宣传思想干部要不负重托,切实增强脚力、眼力、脑力、笔力,用“四力”书写使命答卷。(9 月 11 日《人民日报》)|大家一致认为,习近平总书记在全国宣传思想工作会议上强调“四力”要求,并将之上升为对新形势下宣传思想战线队伍建设的总要求,集中反映了党中央对宣传思想工作队伍政治素质、理论水平、业务能力、工作作风的高标准和严要求。(12 月 20 日《人民日报》)

T

【TMLF】　名词。定向中期借贷便利。2018 年 12 月 19 日

知识窗
相关词语

中国人民银行创设的一项货币政策工具，即根据金融机构对小微企业、民营企业贷款增长情况，向其提供长期稳定资金来源。TMLF，英文 Targeted Medium-term Lending Facility 的缩写。例某种意义上，为 3 年 TMLF 提供比 1 年 MLF 更优惠的利率可能是公开市场操作利率下调的“前奏”。（12 月 21 日《北京青年报》）|从利率调整幅度看，一般降基准利率时，利率至少下调 25 个基点，而此次 TMLF 相较于 MLF 优惠 15 个基点，力度不及普通降息。（12 月 22 日《新民晚报》）

【套现贷】　tàoxiàndài　名词。一种贷款形式。用户在信用卡中存入少量资金，由代还平台利用信用卡账单日和还款日的时差循环刷取资金返给用户，从而实现全额还款。例近日，一种被业内称为“套现贷”的信用卡还款方式渐趋流行。（12 月 3 日《人民日报》）|“套现贷”的运作模式是，信用卡持卡人通过手机客户端将卡片与代偿平台绑定，导入账单后，代偿平台便可以模拟持卡人在商家刷卡消费，把信用卡余额的资金套出，再将套出的资金交给指定的第三方支付公司，由其向银行还款。（12 月 3 日《人民日报》）

相关词语见“回租贷”。

【特金会】　tèjīnhuì　名词。指美国总统特朗普与朝鲜最高领导人金正恩的正式会晤。也称“金特会”。例就在特朗普表示“特金会”生变之后，朝鲜方面表现出了坦诚

的高姿态，为朝美双方继续通过对话协商推动半岛无核化进程留下了希望。（5 月 27 日《光明日报》）| 5 月 24 日，特朗普以公开信的方式“取消”3 月份宣布、随后定于 6 月 12 日在新加坡举行的“特金会”。（6 月 6 日《中国青年报》）

【*体检】 tǐjiǎn 名词。体格检查。现也用来指对党员干部党内政治生活的检查。例 在日常监督中，各级纪检监察干部要严肃党内政治生活，使领导干部经常性开展批评和自我批评，经常对照党章进行政治“体检”、党性“体检”，提升党员干部的政治定力和水平。（1 月 16 日《人民日报》）| 福建省强化村级组织换届保障，建立村级换届选举人“五不能”“六不宜”负面清单，组织开展“党建体检”，强化软弱涣散基层组织整顿。（10 月 31 日《经济日报》）

【天朗计划】 tiānlǎng jìhuà 支付宝启动的联动警方、企业、媒体等各方，协助公安机关针对黑灰产业开展源头治理和综合治理、共建新金融安全生态共同体的计划。例 2018 年，在国务院打击治理电信网络新型违法犯罪联席会议办公室指导下，蚂蚁金服与警方联合启动打击网络黑灰产业的“天朗计划”。（4 月 16 日《新民晚报》）| 在腾讯守护者计划、阿里天朗计划，以及美团和京东等公司安全团队的技术支持配合下，专案组通过互联网留痕等手段对这批境外中间商开展多平台关联比对、大数据分析研判，最终查清了藏身境外的中间商的真实身份和活动范围。（10 月 11 日《人民日报》）

【天音计划】 tiānyīn jìhuà 指北斗卫星的星地一体高精

度时空定位服务解决方案。由国家北斗地基增强系统“全国一张网”、星基增强系统、星地一体融合能力及千寻位置的全球站网系统构成，是打造全球卫星导航领域的中国方案。例“天音计划”采用地球同步轨道卫星和互联网双路播发，为沙漠、海洋、高空等无网络覆盖区域及网络覆盖断续区域提供 7×24 小时高可用的动态厘米级定位服务。（5 月 17 日《人民日报》）|5 月 16 日，我国一个名为“天音计划”的星地一体高精度时空服务解决方案正式对外发布——该计划由国家北斗地基增强系统“全国一张网”、星基增强系统、星地一体融合能力及千寻位置的全球站网系统构成，有望给用户提供高精度、高可靠、实时无缝的高精度时空服务。（5 月 17 日《中国青年报》）

【头雁效应】 tóuyàn xiàoyìng 指雁群中领头飞的大雁，发挥带头作用，其他大雁跟随它就能以最优化的飞行方式飞向目的地。现在指各级领导干部要带头转变作风、身体力行、以上率下，是对领导干部在作风建设上的要求。例许多观察者注意到，领导带头、以身作则、率先垂范，中国在管党治党方面呈现出明显的“头雁效应”。（1 月 19 日《人民日报》）|近年来，我们贯彻落实习近平总书记“把夯实农村基层党组织同脱贫攻坚有机结合起来”的要求，以建强组织服务脱贫、以健全制度保障脱贫、以汇聚人才支撑脱贫，通过激发“头雁效应”带动脱贫致富。（10 月 17 日《人民日报》）

【投资帽】 tóuzīmào 名词。指足球俱乐部投资的最高限额。例每年最高 3500 万 中乙俱乐部已收投资帽限额通

知(12 月 6 日腾讯网)|投资帽和限薪帽的标准已经出台，但也有观点认为，俱乐部可以通过阴阳合同来弥补球员收入，达到继续高投入的结果。(12 月 21 日《北京晚报》)

【*土味】 tǔwèi 形容词。网络用语。❶指互联网上自媒体发布的本身带有乡村元素的视频、图画等。例直播平台上各种“土味”直播，让我们看到了一个个不同的乡村，一个个有山有水，有生机有活力，有矛盾有问题，却天然去雕饰，鲜活不做作的乡村。(10 月 12 日《光明日报》)❷指乡土气息，也指俗气、不合潮流的风格，如土味表情包、土味情话。例如今南靖土楼不仅依旧“土味”十足，更是充满诗和远方的魅力。(8 月 1 日《光明日报》)

*土味青年 *土味情话 *土味视频 *土味文化

【土味青年】 tǔwèi qīngnián 网络用语。指俗气、不合潮流的年轻人。也称“土味少年”。例世界终将属于这些土味青年的。(5 月 4 日搜狐网)|小区内的空间也是土味青年们绝佳的取景地。(8 月 22 日虎嗅网)

相关词语见“土味”。

【土味情话】 tǔwèi qínghuà 网络用语。指那些听起来很肉麻又有点乡土感的情话。例然而戏外，却一反戏中形象，被其他主演爆料是最会“撩人”的，现场更实力“撩妹”，示范说得麻溜的土味情话：“你知道我最近刚学会一种超能力吗？我超喜欢你！”（7 月 24 日《扬子晚报》）｜脑筋急转弯式的土味情话是对优雅表白的曲折改写，但实际上却跟土味毫无关系。（8 月 7 日《北京青年报》）

相关词语见“土味”。

【土味视频】 tǔwèi shìpín 网络用语。指充斥着各种奇葩见闻、搞笑段子、庸俗内容等的粗糙小视频。例 在各种短视频网站上，有一类带有故事情节的“土味视频”非常流行，很多作品都是在对流行偶像剧进行模仿，只是因为道具差、演员丑而被观众认为“土”。（5 月 8 日《新京报》）｜所谓“土味”最初指的是诞生于三四线乡镇的富有乡土气息的表演风格，当我们说一段视频是土味视频时，它一定与都市文化和城市精英的趣味截然相反。（8 月 7 日《北京青年报》）

相关词语见“土味”。

【土味文化】 tǔwèi wénhuà 网络用语。指伴随网络直播视频流行起来的一种网络文化。其形式和内容包括土味视频、社会摇（舞蹈形式）、喊麦等。例 自得其乐的审美碰撞——土味文化的逆流与顺流。（7 月 19 日澎湃新闻）｜来自王菊粉丝的《菊话宝典》成功打造了一大批“菊外人”，土味情话甚至迅速走上了大银幕（比如电影《超时空同居》的彩蛋），而这也被看作是主流文化面对土味文化的态度转变。（8 月 7 日《北京青年报》）

相关词语见“土味”。

W

【挖孔屏】 wākǒng píng 名词。指挖孔放置摄像头以提高屏占比的手机屏幕。也称“打孔屏、穿孔屏、开孔屏”。例 挖孔屏的出现被看作是目前最好的提升屏占比的解决方案。（12月18日腾讯网）| 于是，大家又想到刘海屏的进化版——挖孔屏。（12月28日新浪网）

相关词语见“AI 分身”。

【网络青晚】 wǎngluò qīngwǎn 由共青团中央宣传部指导，中国青少年新媒体协会与 BiliBili 网站联合主办的五四青年节特别节目。例 参与这次网络青晚的华服推广者灵芝姬说，正是因为“团团”真的能与年轻人“玩”到一起，并且成为青年在网上“想得起、找得到、靠得住”的力量，这次“网络青晚”才能把各领域青年吸引过来，打破“次

元”壁垒，让青年网友喜爱并接受。（5月7日《中国青年报》）|共青团中央日前联合中国青少年新媒体协会、哔哩哔哩弹幕网，为年轻人打造了一场视听盛宴——“网络青晚”。汉服、古风音乐纷纷亮相，引来网友点赞。（5月23日人民网）

📖 2017年5月5日，共青团中央举办了首次大型直播活动——网络青晚。采取网络众筹的方式，通过微博、微信、B站面向网友征集了一大批视频、音乐、动漫、歌曲等节目，展现了青年网友的青春活力和文化创意。活动当天通过各大平台进行网络直播，300万人次在线观看。

【网络植树】 wǎngluò zhíshù　通过网络虚拟形式开展的植树活动，是全民义务植树的一种新形式。网民通过网上捐款获得虚拟树苗，网络植树平台将筹集到的资金用于特定地点的实体植树。例 互联网有助于使公民履行植树义务常态化、规范化和科学化，逐步实现“网络植树实体化、实体植树基地化、基地植树公园化、公民尽责多样化”，有助于推动全民义务植树更加广泛、健康、持续发展。（3月16日人民网）|中国绿化基金会主席陈述贤表示，中国网络植树在实践中不断创新，在创新中加快发展，希望可以引领更多的社会公众和爱心企业积极投身于新时代美丽中国建设的事业发展中来。（4月3日搜狐网）

【网约房】 wǎngyuēfáng　名词。通过互联网预约住宿的房子。例 当下流行的“民宿”，实质上是家庭旅馆，也称为“网约房”，是没有合法手续的。现在大家所说的“民

宿”，过不了消防检查，没有消防许可证，也就拿不到特种行业许可证。（7 月 27 日《北京青年报》）| 以在线短租为代表的网约房近来受到越来越多年轻消费者的追捧。（8 月 24 日《经济日报》）

劏房 三房 皿房 蚁房 保障房 被动房 村证房 大棚房 防霾房 刚需房 减税房 胶囊房 空租房 求学房 权力房 三限房 双拼房 网约车 网约工 *网约化 *限竞房 学位房 撞限房 网约厨师 网约单车 网约导游 网约经济 *网约公交车 网约自行车 合作型保障房 配售型保障房 配租型保障房 自住型商品住房

【网约公交车】 wǎngyuē gōngjiāochē 通过互联网预约乘坐的公交车。例 虽然是“网约公交车”，但市场化的“网约”似乎并未改变“公交”的公共交通属性和公益化一面。（6 月 5 日《新京报》）| 下载手机客户端、网络购票、预约出行、一人一座、定点定时，约车流程跟普通“网约车”操作程序颇有几分类似，只是此“车”并非小客车，而是公交车。这就是目前在深圳、宁波等城市悄然兴起的网约公交车。（6 月 22 日《人民日报》）

相关词语见“网约房”。

【网约化】 wǎngyuēhuà 动词。通过互联网预约的形式实现各种服务。通过数据筛选将需求和服务进行快速、精准的匹配，以实现服务的智能化。例 成都市出租汽车协会与嘀嗒出行签署战略合作备忘录，双方共建全国性的传统巡游出租汽车专属网约化平台，成都近 15000

知识窗 相关词语

辆出租车计划全部接入网约平台。(8 月 4 日《北京晚报》)|嘀嗒出行、滴滴出行、首汽集团、美团等企业在巡游车网约化方面做了大量的工作。(10 月 16 日《北京青年报》)

相关词语见“网约房”。

【微税务】 wēi shuìwù 名词。一款搭载在企业微信 APP 上的手机办税应用平台。微税务由深圳市税务局与腾讯科技合作共建。例微税务是能够打通广大纳税人办税的“痛点、堵点”,是进一步优化营商环境而做出的实质性探索,提供了“更省时、更低耗、更精准”的全新办税平台。(12 月 28 日腾讯网)|12 月 28 日,国家税务总局深圳市税务局与腾讯科技合作共建的“智税”创新实验室再次推出新应用——“微税务”系统。(12 月 28 日深圳新闻网)

【卫星仓】 wèixīngcāng 名词。一种线上零售店。由腾讯公司与永辉公司合作推出。特点是实体仓库分布在用户周边,用户下单后能够将所需商品在 30 分钟内配送到家。因仓库像卫星那样分布在主仓周围,故称。例永辉生活卫星仓为全温度带智能仓,面积在 300—600 平方米之间,有约 3000 支精选 SKU,生鲜占比超 50%。(9 月 5 日《北京商报》)|用户通过永辉生活 APP、小程序下单,由永辉生活卫星仓履单,为周边 3 公里用户提供品质生鲜、全球好货,最快 30 分钟配送到家。(9 月 12 日搜狐网)

【文明革命】 wénmíng gémìng 指通过唤醒我们古已有之的善意与良知，用德治荡涤社会风气、推进社会文明的一场革命。与“物质革命、工业革命”相对。例 四十年，我们国家的物质文明有了极大进步，但精神文明提升却依然有很大空间。有网友说，反腐败让干部作风为之一变，今天，我们社会也需要一场“文明革命”。（11月2日微信公众号“人民日报评论”）｜重庆大巴坠江事件沉思录：文明革命与人的现代化刻不容缓！（11月4日红网）

【问芯】 wènxīn 名词。中国市场第一款已量产的AI语音芯片模组。由人工智能企业出门问问公司和杭州国芯科技公司联合推出。例 出门问问这次联合杭州国芯科技打造的“问芯”，有效利用了杭州国芯科技的专业芯片能力和出门问问的专业语音交互能力，强强联合，打造市场上首款已量产的AI语音芯片模组。（5月25日搜狐网）｜5月24日，出门问问发布了国内首款已经量产的AI语音芯片模组“问芯”Mobvoi A1。（7月5日《新京报》）

【无人快递车】 wúrén kuàidìchē 无人驾驶代替人工实施快递服务的智能车。可规划最优配送路径，实现精准投递。例 苏宁正在打造1小时社区生活服务圈，物流与小店紧密合作，利用无人快递车等高科技的应用，提高配送时效，打造“智慧、准时、轻简”的极致体验。（6月26日《经济日报》）｜在无人超市、无人快递车之后，雄安新区又迎来一名新的高科技“员工”——美团无人配送车“小

袋”。(10 月 13 日《北京日报》)

*无人仓 无人店 无人超市 *无人经济 *无人药房 *无人快闪店

【无人快闪店】 wúrén kuàishǎndiàn 一种没有售货员值守的智能化小型商店。顾客通过手机扫码确认身份后进入店内,取货出店时站在支付区域自动扫码识别即可通过微信支付结账。例未来,微信支付将为无人快闪店中的众多商家提供多品牌合作即时分账的能力,结算时无需人工确认分账,提升商圈运营效率。(1 月 22 日《新民晚报》)|2018 年 1 月 19 日,中国首家微信支付无人快闪店落户上海。商店不设售货员,顾客通过手机扫描二维码自动支付,令现场体验的外媒记者大为惊叹。(2 月 23 日《中国青年报》)

相关词语见“无人快递车”。

【无人药房】 wúrén yàofáng 没有售货员值守的智能化药房。顾客通过手机扫码确认身份后进入店内,取药出店时在支付区域自动扫码识别即可通过微信支付结账。例“无人药房”是一种新的服务模式,这种售药方式方便了百姓,也被称之为 24 小时药房。(7 月 20 日《经济日报》)|“无人药房”是服务的创新,但是“无人药房”不能是“无人管理的药房”,不能是“无人约束的药房”。对于这种新业态需要加强管理,别让“无人药房”成了“害人药房”“隐患药房”。(7 月 20 日新华网)

相关词语见“无人快递车”。

【无限屏】 wúxiànpíng 名词。手机屏幕的一种，是锤子科技公司首席执行官罗永浩在坚果 Pro 2S 发布会上提出的新概念。这种屏幕利用传感器等技术实现三维空间的多任务交互模式，旨在突破手机屏幕的物理界限。例当你进入无限屏模式后，在你的小屏幕框外，其实还有一个广阔的无限屏。在多任务模式上想要切换时，只需要移动手机就可以直接切换。（8 月 20 日搜狐网）|从技术上讲，无限屏其实很接近 VR 眼镜的显示技术，即由系统生成的完整画面会远远大于显示屏的面积，用户需要通过移动显示屏来捕捉相应位置的图像信息。（8 月 22 日百家号）

【五个振兴】 wǔgè zhènxīng 2018 年 3 月 8 日，习近平总书记在参加十三届全国人大一次会议山东代表团审议时提出的乡村振兴战略。即：乡村产业振兴、乡村人才振兴、乡村文化振兴、乡村生态振兴、乡村组织振兴。例“五个振兴”与习近平同志在 2017 年 12 月召开的中央农村工作会议上提出的乡村振兴“七条道路”一脉相承，是扎实实践基础、丰富经验积累和深邃理论思考的结晶。（3 月 12 日《人民日报》）|实施乡村振兴战略，走城乡融

知识窗

相关词语

合发展之路，实现乡村“五个振兴”奋斗目标，是中国特色社会主义建设进入新时代的客观要求。（6 月 1 日《光明日报》）

X

【先导细胞】 xiāndǎo xìbāo 一种可将造血干细胞引入特定血管结构的微环境细胞。由中国科学院上海营养与健康研究院潘巍峻研究团队发现。例 值得一提的是，科学家们在艰苦的攻关过程中还意外地发现了一种全新的微环境细胞，并将其命名为“先导细胞”。（11 月 20 日《新民晚报》）| 上海科学家创建了一套全新的研究体系，能够全程高清“直播”造血干细胞的“回家”之路，并意外地发现一种可将造血干细胞引入特定血管结构的微环境细胞，命名为“先导细胞”。（11 月 23 日东方看点）

【显形贫困人口】 xiǎnxíng pínkùn rénkǒu 指经济上拮据，消费习惯与拮据状况相匹配（收入少，消费低）的一类人。与“隐形贫困人口”相对。例 对不起，妈妈们都是“显形贫困人口”（4 月 23 日搜狐网）| 收入水平低的月光一族不是隐形贫困人口，是显形贫困人口。（5 月 15 日网易网）

【限乘限飞】 xiànchéng xiànfēi 在一定期限内限制特定严重失信人乘坐火车、飞机。是对严重失信人采取的一

种惩戒措施。例多名证券期货行政违法当事人因逾期不履行行政罚没款缴纳义务，被列入“限乘限飞”名单。（12 月 29 日《北京青年报》）| 限乘限飞 让失信者寸步难行（12 月 4 日中国金融信息网）

【限竞房】 xiànjìng fáng 名词。通过“限房价，竞地价”的土地出让方式产生的商品房。出让时限定房屋未来上市的最高售价和均价，由出价最高的开发商竞得。例预期中的限竞房新政迟迟没有落地，使得大批限竞房堵塞在入市通道中，导致大量计划购置中等价位限竞房的购房者不得不“持币观望”，造成新房市场成交乏力局面的出现。（4 月 12 日《北京晚报》）|2016 年以来不少城市推出“限竞房”，其本意为抑制土地过热、限制房价过高，但由此也带来了一、二手房的价格倒挂。（5 月 28 日《人民日报》）

相关词语见“网约房”。

【线上票补】 xiànshàng piàobǔ 发行方等在电影上映的前几天，通过网络售票平台对票价进行补贴，以低价拉动票房增长。例从 10 月 1 日起，有关部门将取消第三方和影院自有渠道的线上票补。如此，意味着 9.9 元、19.9 元的票价将消失，自 2014 年开始影响电影市场的线上票补手段将成为历史。（9 月 14 日《北京青年报》）| 线上票补行为最早发生在 2014 年 6 月，为吸引更多新用户，从《变形金刚 4》开始，多家电商平台开始出资做补贴。（9

月 21 日《新京报》)

【乡痛症】 xiāngtòngzhèng 名词。由于所在的家乡受到自然环境、社会环境的影响发生变化,人们对自己是此地人的身份认同感和生活幸福感产生迷失的现象。例 如今人类创造了一个自己不愿在此长居的世界、一个缺失了大自然的世界,“乡痛症”的痛苦自然也难以避免。(7 月 17 日搜狐网)|据国外媒体报道,“乡痛症”(Solastalgia)堪称 21 世纪的一大重症,但大多数人却对这个词闻所未闻。其症状包括:心底总有一种迷失感,隐隐觉得自己与故土相剥离,总觉得自己像个异乡人,从未离家、却又有种思乡的情愫。(7 月 17 日新浪网)

【相互宝】 xiānghùbǎo 名词。2018 年支付宝推出的大病互助平台。由“相互保”升级而来。加入平台的成员如患重大疾病(范围是 100 种),可享有 30 万元以下不等的保障金,费用由所有成员分摊。例 蚂蚁金服发布的公告显示,即日起“相互保”将升级为“相互宝”,并定位为一款基于互联网的互助计划。(11 月 28 日《北京青年报》)|刚刚更改为互助计划的“相互宝”有了首个案例。上海某女童因意外摔落做脑部手术,将获得 30 万互助金,预计参与计划的用户每人将承担 3 分钱。(12 月 8 日《北京晚报》)

宝粉 宝宝类 车托宝 存金宝 房宝宝 耕地宝 话费宝 借贷宝 零钱宝 绿能宝 *相互保 携程宝 医付宝 佣金宝 余额宝 宝宝军团

【相互保】 xiānghù bǎo 名词。支付宝的一项重症疾病保险服务。2018 年 11 月 27 日更名为“相互宝”，主体由信美人寿相互保险变为蚂蚁金服设立的互助平台。例 蚂蚁金服联合信美相互推出了一款创新型重大疾病保险“相互保”，全称“信美人寿相互保险社相互保团体重症疾病保险”，是我国第一款健康险相互保险产品。（10 月 26 日《北京青年报》）| 原有的“相互保”带有保险和互助双重属性，形式上是保险、实质上是互助，是一种商业模式创新。（11 月 28 日《北京晚报》）

相关词语见“相互宝”。

【相声公式】 xiàng·sheng gōngshì 指通过统计分析观众的笑点及笑声时长等数据，建立数理模型，应用于相声创作的公式。由上海交通大学的博士李宏烨、郑钰夫妇提出。例 最近，在网络上，一对交大的博士夫妻直面郭德纲，抛出“相声公式”的理论，一时间众说纷纭。（8 月 14 日《新民晚报》）| 因此，博士创作相声公式，从商业化的角度看，也无可厚非——事实上，他们已经以此成功获得了初步的融资。（8 月 16 日《新京报》）

【消防救援衔】 xiāofáng jiùyuánxián 区分消防救援人员等级、表明消防救援人员身份的称号和标志。例 草案二次审议稿进一步明确了消防救援衔的授予对象范围，突出消防救援衔的激励功能，对消防救援衔的晋升条件提出明确要求，已比较成熟。（10 月 24 日《人民日报》）|

关于消防救援衔条例，应急管理部副部长尚勇表示，原公安消防部队、武警森林部队转制后，作为综合性常备的应急骨干力量，定位为应急救援的主力军和国家队，此次设立消防救援衔，也是党和人民给予消防救援队伍崇高的荣誉。（10 月 28 日《人民日报》）

📖 为了加强国家综合性消防救援队伍正规化、专业化、职业化建设，增强消防救援人员的责任感、荣誉感和组织纪律性，有利于国家综合性消防救援队伍的指挥、管理和依法履行职责，根据宪法，制定了《中华人民共和国消防救援衔条例》，2018 年 10 月 26 日由十三届全国人民代表大会常务委员会第六次会议表决通过，2018 年 10 月 27 日起施行。依据条例规定，消防救援衔按照管理指挥干部、专业技术干部和消防员分别设置。管理指挥干部消防救援衔设三等十一级；专业技术干部消防救援衔设两等八级，在消防救援衔前冠以“专业技术”；消防员消防救援衔设三等八级。2018 年 11 月 6 日，国务院总理李克强签署国务院令，公布了《中华人民共和国消防救援衔标志式样和佩带办法》。

【消费降级】 xiāofèi jiàngjí 指消费方面在效率、体验、个性、品牌等需求上降低一定的级别，追求物美价廉。与“消费升级”相对。例 对于低价产品消费的选择，并不意味着消费降级，而应当是公众消费理念提升与消费心理成熟的重要表现。（8 月 27 日《中国青年报》）| 以方便面、榨菜为代表的方便食品热销，引发了一些“消费降级”的议论。有观点认为，这些低价食品“逆袭”，证明老百姓开始捂紧

钱袋子，消费档次降低了。（9 月 17 日《人民日报》）

【小三创】　xiǎosānchuàng　名词。小微企业、“三农”及创新创业企业的合称。例在经济下行时，抗风险能力最差的正是“小三创”群体（小微企业、三农和创新创业企业），因此需要成立国家融资担保基金为这些活跃程度最高但抗风险能力最差的群体提供国家政策性的信用支持。（9 月 26 日搜狐网）|事实上，监管层及市场对利用融资担保破解“小三创”融资难题均抱有厚望。但近年来融资担保行业的快速发展，也带来了超额担保、自担保等问题。（9 月 27 日搜狐网）

【邪典】　xiédiǎn　名词。将儿童熟悉的卡通人物跟血腥暴力或软色情内容结合，以教育儿童为幌子，实则生产的是不适宜儿童观看的视频。例“邪典视频”还会诱导儿童模仿视频中的桥段，让他们在无知中重复错误的行为方式，这其中隐藏的潜在威胁，更是贻害无穷。（1 月 23 日《北京青年报》）|近期，广东、北京两地“扫黄打非”部门深入查办涉儿童邪典视频案件。优酷、爱奇艺等一批为儿童“邪典”视频提供传播平台的互联网企业被依法查处。（2 月 13 日《中国青年报》）

【心商】　xīnshāng　名词。一种生命科学参照元素。指缓解心理压力、维持心理健康、保持良好心态的能力。与“情商、智商”等互为补充。例综合而言，原始颠覆型创新者的特有素质是：德商之上的志商；智商之上的灵商；情商之上的心商；意商之上的逆商；技商之上的胆商。（1 月 15 日《中国青年报》）|心商——不仅管理自己的心理

健康，而且具有引导团队维持心理健康而前行的能力。(1月15日《中国青年报》)

逆商 情商 智商

【新个税法】 xīn gèshuìfǎ 指我国于2018年9月新修订的个人所得税法。例 新个税法建立起综合与分类相结合的税制，更能体现税负公平，是个税制度一次革命性的变化。(9月4日《经济日报》)|《北京商报》记者通过计算发现，对于"上有老下有小"并且身背房贷的中等收入群体而言，新个税法全面实施后，纳税收入起点将明显提高。(10月22日《新民晚报》)

【新诗地理】 xīnshī dìlǐ 就各地重要诗人群体生成机制、创作特色、历史地位、文化价值等展开的新诗研究。特点是关注当地代表诗人，重视本土诗歌创作实绩，承办诗会，征集诗歌，开展学术研讨活动等。例 就字面上看，"新诗地理"虽然涉及"新诗"与"地理"两个方面，但究其本质，仍属新诗研究领域的一次拓展，并与新诗研究不断寻找新的生长点的本质化需求密不可分。(6月5日《光明日报》)|除了相关文章时常出现之外，各种关于省级的、代际的或者以区域冠名的诗选，也常常有意无意地涉及"地理"一词，进而为"新诗地理"的探讨提供丰富的个案。(6月5日搜狐网)

【新司考】 xīn sīkǎo 名词。指我国2018年起实施的国家统一法律职业资格考试制度。与之前的司法考试制度相比，最大的特点是法学专业外的本科应届生不再具有报考条件，并增加了计算机化考试。例“新司考”拟提高门槛 报考者专业学历“从严”（2月6日新华网）｜今年是司法考试改革后，国家统一法律职业资格考试实施的第一年，“新司考”分两阶段进行，客观题考试9月22日进行，采用机考形式，主观题考试10月20日进行。（9月15日《新京报》）

【薪酬帽】 xīnchóu mào 名词。指足球俱乐部球员薪酬的最高限额。例比如“薪酬帽”，在上周的香河会议上，中国足协曾提出过球员的工资和奖金不得超过俱乐部总投入的75%，这也就意味着，在总投资额减少的情况下，球员的工资数额将大幅减少。（12月5日《北京晚报》）｜根据中超“薪酬帽”规定，国内球员年薪不得超过税前1000万元，国脚可按上浮20%执行。（12月21日《北京晚报》）

【信联】 xìnlián 名词。由我国央行和芝麻信用等八家公司联合发起成立的个人征信机构，主要通过大数据的方式防范借贷业务风险，与“银联、网联”齐名。也称“百行征信”。例“信联”的设立，解决了平台间数据割裂和不能共享的问题，大幅度提升了平台风控数据的质量，有利于行业风险的防控，有效避免平台间“共债”的发生。（1月12日《经济日报》）｜“信联”主要在银监会、证监会、保监会等传统金融机构以外的网络借贷等领域开展个人征信活动，与央行征信中心运维的国家金融信用信息基础数据库错位发展、功能互补。（3月6日《中国青年报》）

银联　网联

【雄安质量】 Xióng'ān zhìliàng　体现雄安新区建设水平的高质量。在发展目标上，雄安新区将建成绿色低碳、信息智能、宜居事业、具有较强竞争力和影响力、人与自然和谐共生的高水平社会主义现代化城市；在城市规划上，坚持生态优先、绿色发展，坚持以人民为中心、注重保障和改善民生，坚持保护弘扬中华优秀传统文化、延续历史文脉；在建设开发安排上，坚持大历史观，保持历史耐心，稳扎稳打，一茬接着一茬干。例 10 万多平方米的建筑项目，主体结构全面封顶只用了 1000 小时，有 30 多项新技术运用于建筑建设上……雄安市民服务中心项目虽然是临时建筑，但其建造理念和品质体现了国际标准、中国特色，是“雄安质量”的有力注解。（3 月 5 日《人民日报》）|智慧、效率、绿色，建筑生命全周期管理运营，中国建筑赋予高质量建筑工程以新的内涵，“雄安质量”也成为中国建筑企业发展史上一个新的里程碑。（7 月 30 日《经济日报》）

【炫富摔】 xuànfù shuāi　名词。网络用语。指为了炫富而刻意摔倒的行为。故意摔倒时使人们注意到其身边的奢侈品，达到炫富的效果。源自俄罗斯的快闪活动，也称“炫富挑战、炫

耀摔”。例最近，国外一个模特故意把自己摔倒进一堆名牌包、化妆品等奢侈品中，拍照传社交平台进行炫富，结果引发了一轮效仿的“炫富摔”，甚至还有网红违反交通规则拍“摔”照，引发了大家的反感。（10月26日《人民日报》）|就是穿着这么一身优雅华丽的服装，伊能静还来了个炫富假摔，大大咧咧地趴在一堆物品中间，更好玩的是连鞋子都掉下来了一只，姿势相当逗趣可爱。（11月2日搜狐网）

【炫富挑战】 xuànfù tiǎozhàn 义同“炫富摔”。例不同于国外，微博上的＃炫富挑战＃一经推出，各行各业的用户借此炫出专业技能和专业设备，成为社会正能量的火爆话题。（10月19日人民网）|近期，网络社交平台出现“炫富挑战”，“一不小心”就摔出“全部家当”。（10月23日《经济日报》）

【学习强国】 xuéxíqiángguó 指以习近平新时代中国特色社会主义思想和党的十九大精神为主要内容，立足全体党员、面向全社会的学习平台。2019年1月1日在全国上线，由PC端（网站）、手机客户端两大终端组成。PC端有“学习新思想”“学习文化”“环球视野”等17个板块180多个一级栏目，手机客户端有“学习”“视频学习”两大板块38个频道。例中央宣传部“学习强国”互联网平台现面向社会公开招聘页面设计师。（11月20日中国文明网）|“学习强国”学习平台由PC端、手机客户端两大终端组成，平台PC端有“学习新思想”“学习文化”“环球视野”等17个板块180多个一级栏目，手机客户端有

"学习""视频学习"两大板块 38 个频道。(2019 年 1 月 1 日中央电视台《新闻联播》)

【学习任务群】 xuéxí rènwù qún 以任务为导向，以学习项目为载体的自主、合作、探究型的学习方式。例新教材将由原来的主题单元编排方式为主变为学习任务群的编排方式为主。(1 月 23 日《北京晚报》)|这次高中语文课程标准修订，提出了一个"学习任务群"的组织课程的综合方法，设置了"语言积累、梳理与探究""中国革命文化和社会主义先进文化作品阅读与研讨""整本书阅读与研讨"等 18 个学习任务群。(1 月 24 日搜狐网)

Y

【盐系】 yánxì 名词。指男子相貌较好，气质清淡温和，打扮简约整洁的性格表现。例她想要一个"帅气又清爽"的房间，因此借用了形容男生气质干净清爽的"盐系"一词。(1 月 19 日人民网)|简约的图案、线条，以及在纯色产品上出色的质感体现，都可以为打造冬日盐系暖男提供众多优质选择。(11 月 4 日人民网)

相关词语见"奶系"。

【央票入港】 yāngpiào rùgǎng 指我国央行正式在香港

发行央行票据。[例]“央票入港”宣布后，近期离岸市场汇价水平整体已略高于在岸市场汇价，即开始频现所谓的“汇价倒挂”现象。（11 月 8 日新浪网）| 这表明，“央票入港”在具体实施前，已经发挥出“政策宣示效应”，对离岸市场人民币空头形成一定震慑，起到了稳定离岸市场汇价的作用。（11 月 8 日人民网）

【养火】 yǎng huǒ 动词。原指在某社交平台上，两名用户之间的交流越密切，“火花”标志就越大（表示两人的关系越好）。后引申指为了经营、改进关系而采取一系列行动。[例]除了缩写，还有一些只能强记的词语。比如养火，互发消息三天出现小火花，互发消息超过三十天出现大火花，养火就是经常联系的意思。（9 月 26 日搜狐网）|“这样说吧，接受加好友，但是不识相的别来，平时能够培养关系，一起保持小火苗标志，随时可以进行说说互动、点赞，如果聊得来的话能处对象，有时间的话能够奔现。这就是所谓的‘养火’。”胖脸（化名）给硬糖君翻译。（10 月 6 日搜狐网）

【一口办理】 yīkǒu bànlǐ 指“一个窗口办理”，是为了简化外资企业设立程序、商务备案和工商登记而采取的工作方式。[例]专家表示，“一口办理”政策是改善营商环境的重要抓手，对提升外商在华投资积极性会产生非常重要的作用——为推动吸引外资的便利化。（5 月 23 日《经济日报》）| 实行“一口办理”，是深化外商投资领域“放管服”改革、改善投资环境的重要举措。（7 月 16 日《人民日报》）

知识窗 相关词语

2018 年 3 月 5 日，国务院总理李克强在作政府工作报告时说，促进外商投资稳定增长，加强与国际通行经贸规则对接，建设国际一流营商环境。……简化外资企业设立程序，商务备案与工商登记“一口办理”。全面复制推广自贸区经验，探索建设自由贸易港，打造改革开放新高地。

【移动微法院】 yídòng wēifǎyuàn　一款可以让公众“打开微信打官司”的小程序。原被告均不用到庭审现场，而通过微信远程参与庭审。例 据宁波市中级人民法院相关负责人介绍，自今年 1 月“移动微法院”上线以来，其颠覆传统诉讼模式的优点，深受业界人士好评。（8 月 21 日《新民日报》）| 移动微法院支持执行法官外出执行场景，外出执行的照片、录像、文字、语音等信息同步到法院专网执行系统，同时公开冻结、查封、强制执行等执行节点，使执行工作变得公开透明。（9 月 11 日《光明日报》）

【异地销号】 yìdì xiāohào　指用户注销手机号时，不必回到手机号的归属地，而在当地即可办理。也称“异地销户”。例 另一位业内人士称，虚拟运营商一直都可以实现异地销号，不管人在哪里，用户只要给客服打个电话就能销户。（12 月 11 日《新京报》）| 手机卡异地销号涉及环节多、链条长，一旦出现不法分子恶意异地销号，将严重损害被恶意销号用户的权益，也会给企业声誉和经营带来较大风险。（12 月 14 日《经济日报》）

【隐形富豪人口】 yǐnxíng fùháo rénkǒu　网络用语。指看起来生活简朴，实际上特别富有的人。例 部分乐手对

乐器有执着的收集癖，总是不断存钱买更贵的。这类人外表贫困，实际上已经藏有大量价格不菲的乐器，实属隐形富豪人口。（6 月 13 日搜狐网）|真正的土豪都很低调的，他们也可以称为隐形富豪人口，指有些人看起来生活朴素但实际上拆迁分了八套房，看起来工作很普通，但实际上月生活费是工资的十倍多。（6 月 27 日搜狐网）

【*隐形贫困】 yǐnxíng pínkùn 原指表面上看起来经济状况无忧，但实际上抵抗风险能力弱，生活拮据。现指因超出能力范围消费，而导致生活不富裕的状况。例虹爱往富婆堆里钻，隐形贫困了半辈子，没承想打算“四十而立”时，往日的“败家经历”还为她积累了一笔不小的隐形财富。（5 月 4 日《北京青年报》）|有自媒体贩卖着新鲜概念，然后创造宽泛化的焦虑：如今连月入两三万元的人也开始为自己的“隐形贫困”坐立不安，人前光鲜亮丽、人后省吃俭用。（5 月 30 日《中国青年报》）

【隐形贫困人口】 yǐnxíng pínkùn rénkǒu 指经济拮据，消费习惯与拮据状况不相匹配（收入少，消费高）的一类人。与“显形贫困人口”相对。例不少人乐于拿“隐形贫困人口”来自嘲，这体现了一种心态的开放，他们不介意别人的定义，这与其在消费方面表现出的“豁达”，其实是一致的。（4 月 24 日《中国青年报》）|实际上，不论是“隐形贫困人口”还是“逃避性沮丧”或是“口头学渣”，这些网络热词看似调侃，实际上却是用贴负面标签的方式传递着焦虑，不经意间放大了一部分并没有那么大的负面情绪。（6 月 6 日《人民日报》）

【影子服务】 yǐng·zi fúwù 指服务商在消费者不知情或者根本没有提供某项服务的情况下收取相关服务费。例运营商采取虚假或者其他不正当手段欺骗、误导消费者开通“影子服务”，造成消费者权益受损，消费者有权要求运营商“退一赔三”。（5 月 11 日《北京青年报》）|“影子服务”偷话费，严重侵犯了消费者的知情权和选择权，属于强买强卖暗地收费，违反了《消费者权益保护法》，造成了恶劣的社会影响。（6 月 15 日《光明日报》）

【*硬核】 yìnghé 形容词。网络用语。原指有力量感的音乐形式或有一定难度的游戏。也用来指很硬气的人或事物。例相较于资深驴友热爱的“硬核”徒步，旅行社的不少徒步产品，均打出了“轻徒步”“轻户外”概念。（8 月 15 日《新京报》）|全球各大电子产品厂商都拿出了“看家本领”，发布了一系列“硬核”科技产品，展现了行业前沿与未来趋势。（9 月 7 日《经济日报》）

【硬核青年】 yìnghé qīngnián 指不随波逐流、内心坚强、勇于做自己的年轻人。例硬核青年，就可以理解为“很厉害，很酷，我的地盘我做主，我就是我，是不一样的烟火”。（5 月 11 日搜狐网）|前阵子，一支名为“我的青春是硬核”的荣耀 2018 年广告撩拨到许多年轻人的心，甚至产生了一个词“硬核青年”，特指那些看起来事事无所谓、事事皆可抛，却有着坚硬强大的内心的一类人，他们不甘于被定义，也不急于跟随大众，有自己坚定的生活态度和原则。（6 月 29 日《城报》）

【宇宙墙】 yǔzhòu qiáng 名词。指一条横跨 35 亿光年

的真空带。因其内部什么物质都没有，像一堵墙一样，为宇宙划出了边界，故称。例意大利的科学家们发现了“宇宙墙”，我们的宇宙被一堵墙包围着。（11月30日《北京晚报》）|照其说法，意大利的科学家们在离地球一百亿光年之外的波江座里，发现了一条横跨35亿光年的真空带，也就是所谓的宇宙墙。（11月30日搜狐网）

【语音合同】 yǔyīn hétóng 指手机营业厅工作人员在与用户语音通话的过程中，为用户开通相应业务的口头承诺。例由于该语音通话中的口头承诺是该项业务开通的唯一凭证，也就相当于消费者与经营者订立的一份“语音合同”。（1月30日《北京青年报》）|所谓“语音合同”，即营业厅工作人员对移动用户进行电话营销，通话内容为确认是否本机机主，客户的“嗯”或“好的”“是的”就是被确认这项服务的购买。（1月30日光明网）

【预扣率】 yùkòu lǜ 名词。2018年新增的个人所得税中的一项税率。指居民个人工资、薪金、劳务报酬所得预扣预缴的比率。例稿酬所得、特许权使用费所得适用百分之二十的比例预扣率。（12月21日《新京报》）|《公告》中给出的扣缴计算公式为：本期应预扣预缴税额＝（累计预扣预缴应纳税所得额×预扣率－速算扣除数）－累计减免税额－累计已预扣预缴税额。（12月21日《北京晚报》）

【云宠】 yúnchǒng 名词。网络用语。通过互联网远程表达对某人的宠爱。例许多妹子开启了云宠男友模式。（2月1日搜狐网）|据悉，云宠智能曾获得烟台中宠食品股份有限公司的3100万战略投资。此轮融资后，估值已

达数亿元人民币。(12月6日搜狐网)

【云配偶】 yún pèi'ǒu 名词。网络用语。指以远程交互模式存在的虚拟化配偶。平时存储在看不见的云端。因其表现方式是无法同步、基本不见、指望不上,使用时必须手动下载到本地等,故用来体现现实中的中年婚姻状况。例云配偶在初始阶段使用了“云幻想”技术,整合了高大伟岸和温柔体贴或是才华横溢等功能,令人欲罢不能。(11月15日搜狐网)|云配偶客观地存在,而且普遍存在,云配偶更加在乎的是情感链接,而不是责任绑架。(11月27日简书)

Z

【炸街族】 zhàjiē zú 名词。指深夜在街上骑摩托车竞速、制造噪声污染的人。例沪首个查到的“炸街族”被拘留!记39分罚6500元。(12月11日网易网)|每当午夜时分,夜深人静之时,很多城市都会有“炸街族”出没,不分酷暑寒冬,发出刺耳轰鸣声,在街头飙车炫技,追逐竞驶,呼啸而过。(12月18日《光明日报》)

【章鱼效应】 zhāngyú xiàoyìng 指监管方面要么全力收缩要么全面放松的现象。因章鱼一受刺激就全身收缩,一旦舒展就全身放松,故称。例什么叫“章鱼效应”,

就是大家知道章鱼是一种简单的神经节动物，当它的身上某一点受到刺激以后，它会全身收缩，一旦是舒展的时候，就全面放松，这个监管不能是这种章鱼一样，而要有体现结构性的导向，要精准。（11 月 19 日凤凰网）| 金融监管要把握好节奏和力度，避免出现“一放就乱、一管就死”的章鱼效应。（11 月 19 日新浪网）

【涨粉力】 zhǎngfěn lì 名词。指网络平台或个人吸引粉丝的能力。例 淘宝直播“涨粉力”驱动亿级用户增长（12 月 6 日央广网）| 淘宝直播的“涨粉力”正在带动淘宝用户的新一轮高速增长。（12 月 6 日雪球网）

【政采云贷】 zhèngcǎi yúndài 一种银行与政府合作的融资方式。政府提供信用审查和采购合同以方便中小企业获得银行贷款。例“政采云贷”通过政府采购网上公开信息系统与建行新一代信贷流程系统对接，实现了数据实时传输。（11 月 14 日中国网）|“政采云贷”是针对政府采购供应商中的小微企业量身定制的融资解决新方案，也是建行参与“智慧政务”建设的又一生动实践。（11 月 21 日闽南网）

相关词语见“回租贷”。

知识窗
相关词语

【政治站位】 zhèngzhì zhànwèi 指在政治意识上所秉持的态度、立场，是“四个意识”的集中体现。例 各地区各部门党委（党组）应带头学习领会《决定》精神，吃透工作要求，提高政治站位，增强“四个意识”，坚定“四个自

信”，坚决维护党中央权威和集中统一领导，把思想和行动统一到党中央关于深化党和国家机构改革的决策部署上来。（4 月 18 日《人民日报》）| 推进团校改革，加强团校建设，关键是提高政治站位，把握根本定位，把团校姓党原则贯穿工作始终，把政治建设摆在首位。（4 月 20 日《中国青年报》）

【直播答题】 zhíbō dátí　一种网络直播的形式，动员人们观看直播、在线答题，答题正确就获得奖金。也称“直播竞答”。例 对参与的网友而言，直播答题开辟了新的娱乐消遣方式，甚至是“益智、娱乐、赚钱三不误”。（1 月 16 日《光明日报》）| 直播答题是网络直播的一种创新形式，网络直播的未来仍有许多可能性。（2 月 8 日《中国青年报》）

【直播竞答】 zhíbō jìngdá　同“直播答题”，见 94 页。例 所谓的直播竞答，与以往如《一站到底》《开心辞典》等电视节目相类似——平台定点开直播，直播过程中参与用户均可参与答题，在 10 秒内答对 12 道题的所有用户即可瓜分当场比赛的全部奖金。（1 月 10 日《北京晚报》）| 直播竞答代表的是当下年轻人的全新娱乐方式，同时也是内容平台未来必须具备的内容运营能力，未来通过直播平台构建的综艺节目将会有很大的拓展空间，同时也会重新划分直播行业格局。（1 月 30 日《新京报》）

【智慧战警】 zhìhuì zhànjǐng　一种新型交通管理设备，能运用人工智能技术自动处理高速路交通违法事件、预警恶劣天气等。例“智慧战警”的功能远不止违法驱离，

通过拍照取证，还可与非现场执法数据库对接，对违法车辆进行处罚。（2月14日搜狐网）|去年8月，北京市交管局在全体北京交警中启动了“金点子”创新大赛，“智慧战警”作为最终12个获奖项目之一，已经列入交管局的推广工作。（3月13日《北京晚报》）

【智慧政采】　zhìhuì zhèngcǎi　实现政府采购全流程电子化的系统服务平台。利用云计算、大数据、电商平台技术、财务管理技术等，将事前预算编制、计划备案，事中线上采购，事后履约验收，以及国库支付等环节进行全流程数据打通，并通过技术手段嵌入物流、金融等基础设施服务模块。例智慧政采将履约环节信息纳入政府采购的全流程电子化体系中。（5月16日搜狐网）|智慧政采将服务于政府采购的规范性和透明度建设、政府采购需求管理、预算经费标准及公共服务绩效标准的科学化以及财政支出综合监管。（5月22日《经济日报》）

【智慧锥桶】　zhìhuì zhuītǒng　加装了定位和物联网模块的交通安全锥筒。由高德公司首创。这种锥桶与高德地图App数据平台对接，实现道路施工、事故和封闭管制信息的实时精准采集和发布，从而提高用户出行效率和安全水平。例“智慧锥桶”与传统锥桶相比，能够提供高精准的定位服务。（5月18日《北京青年报》）|北京市在全市普通公路的大中小修全面推广智慧锥桶的设备，可以及时采集道路施工信息，然后发布到导航软件上，实时提醒大家躲避一下道路施工的路段。（7月4日《新京报》）

【中国农民丰收节】 zhōngguó nóngmín fēngshōujié 专为中国农民设立的节日。时间是每年农历秋分那一天。设立中国农民丰收节极大地调动起亿万农民的积极性、主动性、创造性，提升了亿万农民的荣誉感、幸福感、获得感。例秋分时节，全国处处五谷丰登、瓜果飘香，广大农民共庆丰年、分享喜悦，举办中国农民丰收节正当其时。（9月23日《光明日报》）|经党中央批准、国务院批复，自2018年起将每年农历秋分日设立为“中国农民丰收节”。（7月20日《人民日报》）

【中兴事件】 zhōngxīng shìjiàn 美国制裁我国中兴通讯公司的事件。2018年4月16日，美国商务部宣布，未来7年将禁止美国公司向中兴通讯销售零部件、商品、软件和技术。经过双方一系列的交涉，2018年7月12日，美国商务部表示，美国已与中国中兴通讯公司签署协议，取消近三个月来禁止美国供应商与中兴进行商业往来的禁令。例中兴事件暴露出企业在芯片研发上的弱势，以及规则意识的欠缺。（4月25日《中国青年报》）|最近的中兴事件、中美贸易摩擦，其背后是科技实力和综合国力的较量。能创新者得天下，科技就是核心战斗力。（8月5日《光明日报》）

【注资帽】 zhùzī mào 名词。指足球俱乐部投资人注资

的最高限额。例“注资帽”“薪酬帽”“奖金帽”“转会帽”等一系列“帽子”将落地，以往国内球员的天价年薪和转会，很可能将成为历史。（11月21日《新民晚报》）|“注资帽”要求中超、中甲、中乙俱乐部投资人的注资额要从2019赛季开始，到2020赛季和2021赛季持续降低。（11月26日《中国青年报》）

【转会帽】 zhuǎnhuìmào 名词。指足球队员转会费的最高限额。例“注资帽”“薪酬帽”“奖金帽”“转会帽”等措施即将实施。对于中国职业足球而言，大手脚花钱、不计成本的引援可能将成为历史。（11月20日澎湃新闻网）|原本一次常规性的2018职业联赛总结工作会，中国足球人来了一次重新的自我审视，注资帽、薪酬帽、奖金帽、转会帽这“四大帽”横空出世，意味着中超将告别“金元足球”的时代，向理性投入、可持续发展的方向迈进。（12月21日《新民晚报》）

【自嗨文】 zìhāiwén 名词。指夸大其词、耸人听闻，意在吸引眼球、增加阅读量、自我营销的网文。例这些“自嗨文”容易误导公众，一些不明就里的读者容易上当受骗，甚至随手转发、以讹传讹。如果任其泛滥，最终可能会造成“假作真时真亦假”的尴尬局面。（12月21日新浪网）|网上受众应不断提高自己辨别真伪的能力，不要轻易相信那些“语不惊人死不休”的“自嗨文”。（12月21日人民网）

【综合征税】 zōnghé zhēngshuì 《中华人民共和国个人所得税法》第七次修改后的一种征税方式。将原先分别

计税的工资薪金所得、劳务报酬所得、稿酬所得和特许权使用费 4 项劳动型所得，纳入综合征税范围，适用统一的超额累进税率。[例]综合征税是税制改革的需要，《草案》对部分劳动性所得实行综合征税，跨出了我国个人所得税从分类向综合所得税转换中的一大步。(6 月 20 日《北京晚报》)|中国第七次对 1980 年出台的个税法进行修改，其中“个性化”缴税与“综合征税”成为修改亮点，将给民众带来更多“减税红利”。(8 月 27 日新浪网)

【走花路】　zǒu huālù　网络用语。“花路”指有花的路，借指美好的前景。“走花路”借指走顺顺当当的路，多用来表示美好的祝愿。[例]粉丝要送他“C 位出道走花路”，甚至还有粉丝去机场为他拍照。(7 月 23 日《北京青年报》)|饭圈文化或许大家平时并没有实感，但有些大家习以为常的行为，却又确实是来自于饭圈。比如说这两年被大家经常挂在嘴边的：为某某战队打 call、某某选手去走花路吧、某两位选手是 CP、我是某选手的女友粉/妈妈粉/哥哥粉等等。(11 月 5 日腾讯网)

【走陵】　zǒulíng　名词。指民间团体自发组织的考察古代陵墓的活动。[例]“走陵”团体需要了解相关法律，包括文物保护法及具体遗址的保护规定，把握相关规定。(5 月 6 日《新京报》)|“走陵”范围包括绵阳鄐江汉墓、前蜀国开国皇帝王建墓、明蜀王陵、悼庄世子墓等陵墓。(5 月 8 日《北京青年报》)

【租客贷】　zūkèdài　名词。建设银行针对租房市场中的租客群体推出的贷款产品。实质上是个人综合消费贷

款。例众多金融机构推出租客贷、业主贷、按居贷等创新产品，累计投放3亿元贷款，签署千亿元授信协议。（6月8日《人民日报》）|“按居贷”最大额度100万，可以用来支付房租；“租客贷”和“业主贷”实质上都是个人综合消费贷款，最高额度不超过30万元。（9月3日《北京青年报》）

相关词语见“回租贷”。

【座霸】 zuòbà 名词。乘坐火车、飞机时强占他人座位的人。例高铁上的“座霸”视频，前两天在各种社交平台上刷屏。（8月27日《光明日报》）|在多起霸座事件被曝光后，一些网友也在网上分享了他们遭遇“座霸”的经历。（9月21日《北京青年报》）

附录

2013—2017 汉语新词语

B

【B端】 B duān 名词。指企业用户；商家。B为英文Business的首字母。例 C端消费者的角色与行为，借助互联网和云计算的力量发生根本转变，让B端企业既感受到巨大的变革压力，也看到真正实现以消费者为中心商业模式的曙光。（2015年9月21日《人民日报》）

【B端市场】 B duān shìchǎng 指企业市场。也称“B市场”。B为英文Business的首字母。例 跳板网则根据汽车交易平台卖车、买车板块切入汽车互联网，此次拿足了现金做活动，主打B端市场，以经销商为切入点，改善传统行业转型互联网等老大难问题。（2015年11月11日《新民晚报》）

【*靶向治疗】 bǎxiàng zhìliáo 指在细胞分子水平上针对已经明确的致癌位点进行治疗。现也用来指针对某一具体的社会民生问题给予精准治理。例 现在，中国在扶贫攻坚工作中采取的重要举措，就是实施精准扶贫方略，找到“贫根”，对症下药，靶向治疗。（2015年10月17日《人民

日报》）

【*暴击】　bàojī　名词。指电子游戏中伤害值高于实际标记值时的攻击。现也用来指某种言行对人造成强烈的心灵震撼。例在这间小小的食堂内，让这些在生活中遭遇暴击的人们相聚，也让他们的心灵感受到了温暖和慰藉。（2017 年 7 月 20 日《北京青年报》）

【爆雷】　bàoléi　名词。指 P2P 平台因为逾期兑付或经营不善等问题，没有能力偿付投资人本金利息而爆出平台停业、清盘，法人跑路，平台失联、倒闭等严重问题。例又比如，系统可以自动挖掘出某些出事的担保机构所牵连的风险链条，进一步深挖出数百家很可能爆雷的企业和金融机构。（2015 年 5 月 22 日《经济日报》）

【变轨超车】　biànguǐ chāochē　比喻改变原有的模式，在创新的道路上实现快速发展。例由跟跑者向领跑者转变，需要“变轨超车”，四季轮转，大地金黄。（2017 年 9 月 4 日《中国教育报》）

【标配人生】　biāopèi rénshēng　符合标准配备的人生。一般指工作体面、收入丰厚、有房有车、婚姻幸福的小康人生。例值得一过的人生，一定不是“标配人生”，而是“私人订制”。（2017 年 3 月 17 日搜狐网）

C

【C 端】　C duān　名词。指个人用户；消费者。C 为英文 Consumer 的首字母。例能效管理的变化，促使企业要同时从C端消费者的角度来理解需求，其核心是能效管理企业的数字化转型——物联网将个人和能源的信息孤岛打破，人和物、物和物之间通过传感器互联互通，产生海量的数据。（2015年8月4日《经济日报》）

【C端市场】 C duān shìchǎng　指消费者市场。也称“C市场”。C为英文Consumer的首字母。例部分创业者和投资人认为，面向C端市场的移动端VR内容是未来的研发趋势。（2016年7月14日《新京报》）

【彩色水稻】 cǎisè shuǐdào　叶色、穗色等不是通常的绿色，而是其他颜色的水稻。也称“彩色稻”。例他和乡亲们种下的水稻“嫁接”文化创意摇身变成“稻田画”，不仅写进了吉尼斯世界纪录，还引来了万千游客。上千亩的彩色水稻铺展开“中国日子”“中国梦”“嫦娥奔月”等巨幅画作，每年都有新主题不重样。（2015年10月6日《经济日报》）

【苍蝇小馆】 cāng·ying xiǎoguǎn　指那些铺面窄小，装修一般，饭菜味道有特色，价格低廉的饭馆。也称“苍蝇馆子”。例说到这儿，沈铁梅略停顿，一皱眉，仿佛在启发记者体味一下那种“苍蝇小馆”的烟火气。（2014年3月4日《光明日报》）

【厕所革命】 cèsuǒ gémìng　指对发展中国家厕所的改造升级行动。最早由联合国儿童基金会提出。2015年初，我国启动了为期3年的全国旅游厕所建设和管理措施，并称之为“厕所革命”。例从今年年初发起“厕所革命”，国家旅游局已经先后多次提到鼓励旅游厕所探索“以商建厕、以商养厕、以商管厕”。（2015年11月19日《中国青年报》）

【禅舞】 chánwǔ 名词。禅学文化与舞蹈艺术融以修身养性的方法，是在身心宁静的状态下，身、心、音乐融为一体而自发产生的一种舞蹈。例来自四川阿坝州壤塘县藏哇寺的二十多位僧人，为人们展现了雪域高原千年古刹的一场禅修功课，包含道歌、法器、禅舞等完整的内容。（2015年1月6日《北京青年报》）

【长护险】 chánghùxiǎn 名词。“长期护理险”的简称。主要为被保险人在年老患病、丧失生活能力或身故时，提供长期护理保障和经济补偿。例市政府拟于近期将长护险整体政策框架设计方案以及试点办法提交市委深改组审议。（2016年11月2日《新民晚报》）

【城市大脑】 chéngshì dànǎo 一种智慧城市系统。该系统将散布在城市各个角落的数据链接起来，通过即时分析和整合，对城市进行全域的指挥、调动、管理，实现对城市的精准治理。例有关专家称，“城市大脑”最大的进步在于实现了城市的实时化和智能化资源调度，解决了城市交通、能源、供水等方面的调度问题，让城市运转效率更高。（2016年12月12日《光明日报》）

【*吹哨】 chuīshào 动词。指内部知情人发现问题及时公开指出。例在我国，食品安全领域已经在实行“吹哨人制度”，之前上海网红面包餐厅，也是靠内部人“吹哨”得以曝光。（2017年4月23日《新京报》）

【吹哨人制度】 chuīshàorén zhìdù 名词。指在内部建立的知情人发现问题及时公开指出的制度。也叫“吹哨人法案”。例也正因此，包括中国在内的全球许多地方都引入

知识窗

相关词语

了“吹哨人制度”，用重金奖励内部人发现问题，及时“吹哨”，监管跟进，解决问题。（2017 年 3 月 24 日《新民报》）

【村务卡】 cūnwùkǎ 名词。指村级集体经济组织持有的，主要用于日常村务支出和财务报销的贷记卡。例 村务卡报销范围限于办公经费和差旅费，比如购买打印机、电脑、笔墨纸张等。（2017 年 8 月 27 日《人民日报》）

【村小二】 cūnxiǎo'èr 名词。原指农村淘宝合伙人。现泛指农村电商服务人员。仿“店小二”造词。例“村小二”成为吸引年轻人才返乡创业，扎根农村，实施精准扶贫的新队伍。（2017 年 4 月 17 日《中国青年报》）

【村庄理事会】 cūnzhuāng lǐshìhuì 以村民小组或自然村为基本单元的村民自治组织。代表村民协商公共事务，实行民主管理和监督。也称“村民理事会”。例 拿稳一把好尺子，重要事项纳入村民理事会议事协商范围，让村民在贷款资金上有知情权、村庄规划上有话语权、村庄建设上有监督权、项目招标上有表决权。（2017 年 11 月 12 日《人民日报》）

D

【大触】 dàchù 名词。网络用语。指动漫游戏（ACGN）领域技术高超的人，也泛指在某个领域里的高手。因动漫游戏领域一般使用手绘板、触感笔等设备进行绘画，其绘画高手被称为触手，即“触感笔绘制高手”，故称。例 延伸至其他行业或领域，词义泛化后，“大触”一词也被指各类高手。一个领域做得好，十分擅长的就叫做触。比如图

触就是说绘画很好。(2017 年 6 月 19 日《北京晚报》)

【德商】 déshāng 名词。指一个人在伦理道德上的能力和水平。例 四商是指要有创新的智商,重视消费者信任的情商,自觉信仰和敬畏法律的"法商",讲商业伦理的"德商"。(2014 年 8 月 26 日《中国青年报》)

【*地标】 dìbiāo 名词。指一个城市的标志性区域或地点,或者能够充分体现其风貌特色的区域。现也指地面上不同颜色的指示性标志,常用在高铁站站台等场所,分为黄色、蓝色和紫色,并标记有车厢号和其他车厢方向。例 自助验票需要 4 个步骤:首先,将车票蓝色面向上,票面二维码向前;其次,把身份证件放在车票下方,叠在一起放进验票闸机;第三,站在黄色地标线前方,面向闸机露出笑脸;最后,看到绿灯亮即为可通过,别忘取出车票和证件。(2016 年 12 月 17 日《人民日报》)

【地咚】 dìdōng 动词。网络用语。指将对方扑倒在地的一种爱的表达方式。仿"壁咚"造词。例 在庆功会现场,歌迷亦真情告白并获得偶像"地咚"的福利。(2015 年 11 月 12 日《新京报》)

【地域黑】 dìyùhēi 指地域歧视,即对某个地区(省、市、县、乡等)的人的歧视。例 正因此,"地图炮"拥有了舆论土壤,在种种相关事件的催化、发酵下,我们对地域歧视似乎已经丧失了本能的批判与反抗,甚至认为"地域黑"理所应当。(2016 年 8 月 16 日《中国青年报》)

【毒鸡汤】 dújītāng 名词。指表面看是心灵鸡汤的文章,其实暗藏着营销和诈骗信息的文字内容。例 营销励志鸡汤没大错，但把一个人的瞎想当成梦想，则完全忽视了它可能给其家人甚至是科普带来的危害，这就是毒鸡汤。（2016 年 2 月 22 日《新京报》）

G

【公租自行车】 gōngzū zìxíngchē 指通过公共自行车管理系统来管理的，停放在某个区域内特定租赁点的自行车。也称“公共自行车”“公租单车”。例 在饱尝了汽车时代的拥堵、污染等弊病之后，越来越多的城市怀念起绿色出行的自行车时代，很多地方推出了公租自行车服务。（2013 年 9 月 7 日《人民日报》）

【关键小事】 guānjiàn xiǎoshì 看起来很小却关乎群众切身利益，有着关键作用的事情。例 我们要从“关键小事”入手，采取针对性更强、覆盖面更大、作用更直接、效果更明显的举措，实实在在地帮群众解难题、为群众增福祉、让群众享公平。（2016 年 12 月 23 日《经济日报》）

【鬼畜】 guǐchù 名词。日文直译词。原指做残忍事情的人，现大多用来指高度重复、频繁展示同一内容的视频风格。例 一款视频拍摄应用，包括对嘴、合演、原创、鬼畜四大趣味表演方式，于 2015 年上线。（2017 年 12 月 19 日《北京晚报》）

【鬼畜视频】 guǐchù shìpín 指以高度同步、快速重复的素材，配合节奏明显的背景音乐的视频。例 接受采访的片段剪接成的鬼畜视频，至今仍在互联网上留有很多痕迹。（2017 年 6 月 14 日《中国青年报》）

H

【海水稻】 hǎishuǐdào 名词。在海边滩涂等盐碱地生长的水稻，是耐盐碱水稻的形象化称呼。也称“海稻”。例专家组一致认为是一种特异的水稻种质资源，具有很高的科学研究和利用价值，建议国家加强对海水稻资源的全面保护，并大力支持开展系统研究。（2014年10月25日《人民日报》）

【海翼号】 hǎiyìhào 名词。中国科学院沈阳自动化研究所设计研制的水下滑翔机。例我国自主研发的海翼号水下滑翔机3次突破水下滑翔机的世界下潜深度记录，最大下潜深度达6329米。（2017年3月24日《经济日报》）

水下滑翔机是一种新型水下无人潜航器，运用活塞原理改变自身浮力在海中移动，续航时间可长达数月。2017年3月5日，由我国自主研发的“海翼”号深海滑翔机在马里亚纳海沟挑战者深渊，完成了大深度下潜观测任务并安全回收，其最大下潜深度达到了6329米，刷新了之前由美国科学家创下的6000米的世界纪录，为我国深渊科考提供了新的科考手段。

【喊麦】 hǎnmài 动词。指对着麦克风像吼似的说唱。例酒吧强调娱乐性，歌手在舞台上要跟大家互动、吆喝、喊麦，很多歌手会迷失自己。（2013年5月6日《北京青年报》）

📖 2018年1月，国家新闻出版广电总局发布《关于进一步加强广播电视节目备案管理和违规处理的通知》，其中明确规定节目中纹身艺人、嘻哈艺人、亚文化（非主流文化）、喊麦、丧文化（颓废文化）不得请用。

【航母保姆】 hángmǔ bǎomǔ 名词。指航空母舰的综合保障伴行训练舰。例日前，有网友发布了被誉为航母保姆的国产901型快速战斗支援舰官方模型，这不仅曝光了其排水量（满载48000吨）可与美国海军供应级比肩，还显示该舰预留有红旗10舰空导弹安装位置，但实际并未安装。（2017年10月29日凤凰网）

【河小二】 héxiǎo'èr 名词。对参与河湖水资源保护、水环境改善、水污染防治、水生态修复等工作的志愿者的统称。仿“店小二”造词。也称“河小青”。例今年3月4日，团市委“‘河小二’助力剿灭劣Ⅴ类水行动”正式启动。（2017年5月3日《中国青年报》）

【红墙意识】 hóngqiáng yìshí 指北京市西城区的干部群众在长期工作生活当中逐渐形成和培育出来的特殊使命感和责任感，其核心要义是“绝对忠诚、责任担当、首善标准”。例“红墙意识”，起源于紧邻中南海的西长安街街道，经王宁倡议，上升为全区工作指导。（2015年6月26日《人民日报》）

📖 “红墙意识”于1999年由西长安街街道首先提出，后来在西城区委区政府领导下，成为指导全区发展的重要理念。2014年西城区委将“红墙意识”写入全区工作指导思想，使之成为党中央提出的“四个意识”在西城的集体体现、"两学一做"学习教育在西城的生动实践。2017 年开始,"红墙意识"因为受到广大人民群众的"点赞"而走向全国,被广泛学习。

【回忆杀】 huíyìshā 名词。日本漫画《火影忍者》中的人物黑历史设定,有回忆者必被杀。后用"回忆杀"来指难以忘记的青春记忆。[例]非同寻常的游戏挑战加上"回忆杀"任务,令这档延续三季的竞速真人秀增添了不少温情。(2016 年 9 月 17 日《新京报》)

【会销】 huìxiāo 动词。会议销售,即通过寻找特定顾客,用亲情服务和产品说明会的方式销售产品。[例]所谓"会销",则是每周各分公司举行的会议销售。理财顾问将客户约到会场,由投资顾问给客户"洗脑"。(2016 年 8 月 22 日《新京报》)

【*慧眼】 huìyǎn 名词。佛教用语,指能认识过去和未来的眼力,后泛指敏锐的眼力。现指我国第一颗空间天文卫星,即硬 X 射线调制望远镜(Hard X-ray Modulation Telescope,简称 HXMT)。2017 年 6 月 15 日发射成功,2018 年 1 月 30 日正式交付使用。将其命名为"慧眼",寓意中国在太空"独具慧眼",能穿过星际物质的遮挡"看"宇宙中的 X 射线,也以此纪念推动中国高能天体物理发展的已故科学家何泽慧。[例] 6 月 15 日 11 时,我国在酒泉卫星发射中心用长征四号乙运载火箭,成功发射硬 X 射线调制望远镜卫星"慧眼",这是我国首颗大型 X 射线天文卫星,同时此次发射还搭载了国内国外 3 颗小卫星。(2017 年 6 月 16 日《中国青年报》)

I

【IP 经济学】 IP jīngjìxué　以知识产权为主要研究对象的经济学。IP 为英文 Intellectual Property 的缩写。例热血冠军季 IP 经济学就体现在各大赛事 IP、热血球迷、腾讯体育自身之间，无限接近了经济学上的“帕累托最优”状态，各方都实现了共赢。（2017 年 6 月 9 日搜狐网）

J

【鸡娃】 jīwá　动词。指给孩子打鸡血，使之精神亢奋。借指家长采用高强度的学习安排，促使孩子拼命努力，以实现望子成龙的心愿。例对于儿子，老蔡倾心培养，如今全民“鸡娃”，蔡国强早早实践。（2017 年 11 月 25 日《新民晚报》）

【集访】 jífǎng　动词。集体上访。例去年腊月二十四，辖区一家企业由于新上项目资金紧张，拖欠工资，导致工人集访。（2014 年 8 月 19 日《人民日报》）

【教科书式执法】 jiàokēshūshì zhífǎ　指执法过程规范、完美，像教科书一样标准。例北京警察“四管齐下”教育逆行女司机，获赞“教科书式执法”。（2017 年 11 月 14 日人民网）

【街巷长】 jiēxiàngzhǎng　名词。街道党政领导“街长”和社区（村）主干“巷长”的合称。例西长安街街道率先

尝试在辖区内每一条背街小巷设立街巷长。（2017 年 4 月 6 日《北京晚报》）

【996】 指每天早上 9 点上班，晚上 9 点下班，每周工作 6 天的工作制度。也称“996 工作制”。例最近几天，很多人在骂互联网行业的 996 制度（每天早上 9 点上班，晚上 9 点下班，每周工作 6 天）。（2016 年 9 月 13 日《新京报》）

2016 年 10 月，互联网公司 58 同城被曝出实行全员“996”工作制度。2019 年 3 月 27 日，一个名为“996ICU”的项目在 GitHub 上传开。程序员们揭露“996ICU”互联网公司，抵制互联网公司的 996 工作制度。2019 年 4 月 11 日，人民日报针对“996 工作制”发表评论员文章《强制加班不应成为企业文化》。文章指出，企业文化首先要讲法治，恪守法律精神、严守法律红线，在法律的框架内营造积极向上的企业文化。

【居眠】 jūmián　名词。日本民众随时随地都能入睡的方式。例日本民众将这种随时随地都能入睡的休息方式称作“居眠”，并对此十分推崇。（2016 年 6 月 16 日中国青年网）8

K

【口袋公园】 kǒudài gōngyuán　街道角落里的规模很小的公园，有绿地，有花园，供人们休闲活动。也称“袖珍公园”。例顾名思义，“口袋公园”意指比较小的公园，一般是将一些荒废、杂乱的街道角落或者建筑之间狭小空地进行整理、改造，营造小型花园及休闲地，为附近上班人士或居民提供一块清新的绿色公共空间。（2015 年 5 月 27 日《人民日报》）

【*快车道】 kuàichēdào 名词。供汽车以较快速度行驶的车道。现也形容发展快速的途径和状态。例在广东国资改革逐步推进的背景下，国企上市公司的并购重组进程将会大大加快，粤国企股有望驶入“快车道”。（2013 年 12 月 12 日中央人民广播电台）

L

【蓝谷】 lángǔ 名词。“蓝色硅谷”的简称。以海洋为主要特色的高科技研发及高科技产业集聚区，位于青岛。仿美国的“硅谷”造词。例“蓝谷”俨然已成为山东半岛海洋科技创新发展的强力“引擎”。（2017 年 2 月 15 日《经济日报》）

【狼系】 lángxì 名词。像狼一样沉稳、聪明、果断的性格特征。例“狼系”既有“猫系”的高冷神秘，又有“犬系”的忠诚专一，“狼系男”善于暗中观察，凭借冷静聪明的头脑、迅猛的速度和爆发力一举俘获心上人，强大的执行力和决断力非常让女生动心。（2015 年 12 月 31 日腾讯网）

【粮头食尾】 liángtóu-shíwěi 农业的粮食生产在源头（种植），农产品的销售在尾端（餐桌上食用）。例未来黑龙江将围绕“粮头食尾、农头工尾”，抓好现代农业产业体

系、生产体系和经营体系“三个体系”建设，做好农业加减乘除大文章。（2016 年 12 月 21 日《经济日报》）

“粮头食尾”出自 2016 年习近平总书记在黑龙江考察调研时发表的重要讲话，其核心是解决农产品的种与销问题，为农垦改革发展指明方向。

【两票制】 liǎngpiàozhì 名词。药品的销售渠道是从药厂至经销商再到医院。因销售过程中要开两次发票，故称。例“两票制”的实行有助于药品流通企业的优胜劣汰、兼并重组，进而会提升行业的集中度。（2017 年 1 月 12 日《中国青年报》）

2017 年国务院医药改革的措施之一，两票制可以减少流通环节的层层盘剥，有助于降低药品价格，减轻群众的用药负担。

【林长制】 línzhǎngzhì 名词。在省、市、县、乡、村五级设立林长，负责本责任区内森林资源保护发展工作的制度。例合肥将建成市、县、乡、村四级林长制体系，通过市级总林长、市级林长和责任林长等层级职责分解和责任传导，构建责任明确、协调有序、监管严格、保护有力的责任体系，确保全市林业园林资源得到有效保护和发展。（2017 年 6 月 6 日《人民日报》）

2017 年 3 月，安徽省在全国率先探索建立林长制，在合肥、宣城、安庆市开展试点；2017 年 7 月，安庆市在全省率先探索实施林长制。

【领盒饭】 lǐng héfàn 动词。拍摄影视剧时，配角或群众演员的戏拍完了，在离开之前可以领一份盒饭。后引申为戏中某个角色死了或退场了。源自电影《喜剧之王》。例《权力的游戏》第六季的回归终于进入了倒计时。除了关心雪诺的生死、“龙母”的安危，又有哪些人将领盒饭外，观众们还好奇的是史塔克家族的孩子有没有长歪，新一季里又该大一岁了，这颜值还能扛得住吗？（2016年4月21日《新京报》）

【留白增绿】 liú bái zēng lǜ　指通过绿化的方式为城市的建设预留空间，既增加了绿化面积，又留出了未规划地块。例坚持疏解和提升并举，加强统筹协调，腾退空间优先用于优化首都功能，改善人居环境，注重“留白增绿”，进行生态重塑，增加便民生活服务设施。（2017年8月7日《人民日报》）

【陆地冰壶】 lùdì bīnghú　一种体育运动项目，比赛规则与冰壶球相同，场地设在水平光滑的地面上。起源于中国香港，2017年全国首届陆地冰壶赛在北京进行。例陆地冰壶的赛道无需制冰，没有能耗，有块空地就能铺开，简便易行。（2017年6月16日《人民日报》）

【路长制】 lùzhǎngzhì　名词。在某些公路路段设立路长，负责路段全面管理的制度。例“路长制”公路管理模式，就是按照“属地管理，分段负责”原则，为全市主要干线公路配上了多名“管家”。（2017年1月19日《人民日报》）

M

【MeToo】　网络用语。美国反性骚扰运动的代称。运动发起人呼吁遭受性侵者用"MeToo"，即"我也是（受害者）"来响应。也写作"米兔"。例社交媒体也出现相关热门话题。林德在这条帖子的最后也使用了此类话题标"MeToo"（我也是）。（2017 年 10 月 27 日《北京青年报》）

好莱坞资深制作人哈维·温斯坦的性侵丑闻曝光后，美国女演员艾莉莎·米兰诺 2017 年 10 月在推特上发起了"Me Too"运动，鼓励所有被性骚扰或侵犯过的女性分享自己的经历，借此唤起社会关注。

【满格】　mǎngé　动词。充满格子。原指手机的信号或电量达到 100％的状态。现也泛指达到饱满、充盈的状态。例那时的她"能量满格"，期待自己在接下来的 5 年里大干一番事业。（2015 年 8 月 5 日《中国青年报》）

【萌娃经济】　méngwá jīngjì　指未成年人（多指儿童）参加电视、网络节目并由此获得利益的经济效应。例 10 周岁以下孩子不能再做广告代言人了。这一规定出现在最近开始审议的广告法修订草案中，并成为 23 日微博上网友的热门转发话题。如此规定的出台，给时下演艺圈越来越火爆的"萌娃经济"浇了一盆冷水。（2014 年 12 月 24 日《光明日报》）

N

【农头工尾】　nóngtóu-gōngwěi　农业生产在前端，工业生产在尾端。发展农产品精深加工，才能促进农业产业化，推动粮食产业转型升级。例 以"粮头食尾""农头工

尾”为抓手，以无公害生产为基本要求，大力发展绿色农产品。（2016 年 8 月 20 日《光明日报》）

P

【PPP】 名词。政府和社会资本合作，是公共基础设施中的一种项目运作模式。PPP，是英文 Public-Private Partnership 的缩写。例 加快建立规范透明的城市建设投融资机制，在完善法律法规和健全地方政府债务管理制度基础上，建立健全地方债券发行管理制度和信用评级制度，研究建立城市基础设施、住宅政策性金融机构，通过 PPP 等多种渠道吸引社会资本参与城市建设。（2014 年 3 月 17 日《人民日报》）

📖 2015 年 3 月 5 日，国务院总理李克强作政府工作报告，提出要在基础设施等领域积极推广 PPP 模式。同年 4 月 21 日，中华人民共和国国家发展和改革委员会、财政部、住房和城乡建设部、交通运输部、水利部、中国人民银行联合发文《基础设施和公用事业特许经营管理办法》，鼓励和引导社会资本参与基础设施和公用事业建设运营，提高公共服务质量和效率，保护特许经营者合法权益。

【胖圈】 pàngquān　名词。网络用语。指朋友圈。“胖”是“朋友”二字读快了的合音，故称。也称“票圈”。例 昨天晚上在看学长的胖圈啊，看到了肥肥的喵，可以

问一下学长为什么喜欢暹罗猫吗？（2017年11月5日搜狐网）

Q

【区域仓】 qūyùcāng 名词。一种以“互联网＋批发”的市场模式，即整合上下游资源，使业务信息化、采购更便捷。例“互联网＋”物流体系更加快捷，无需在各个区域仓、配送站之间来回中转，产品一般只在一个区域内运输，加上产品预存、直接出货等优势，减少了许多中间环节，时效很快。（2016年1月13日《北京青年报》）

【全科网格】 quánkē wǎnggé 名词。一种社会治理办法。党委、政府根据属地管理、地理布局、管理现状等内容，将管辖地域划分成若干网格状的单元，并对每一网格的基层单位实施动态的全方位管理。例“全科网格”的要义在于推动基层治理流程再造，从而实现全面统筹基层治理的各方力量。（2017年9月20日新华网）

R

【*燃】 rán 形容词。原指烧起火焰。用为网络用语时，形容某事令人激动、振奋。例 30天六万字，这对专业的写作者来说根本不算什么。但我只和过去的自己比较，感谢我自己，做了一件很“燃”的事情。（2016年7月14日《北京青年报》）

【软暴力】 ruǎnbàolì 名词。指行为人为谋取不法利益或形成非法影响，对他人采取的滋扰、纠缠、哄闹、聚众造势等行动。这些行动使他人产生恐惧、恐慌，足以影响、限制人身自由，危及人身财产安全，影响正常生活、工作、生产、经营。软暴力是一种违法犯罪手段。例网络语言暴力具有随意性、简单化、非理性和情绪化等特点，实质上是一种社会“软暴力”，是语言暴力在网络上的延伸，它比传统语言暴力拥有更大的影响力和更强的攻击性，严重影响当事人的精神状态，破坏当事人的工作、生活和学习秩序，严重污染了整个网络的舆论环境。（2013 年 8 月 26 日《光明日报》）

S

【上云】 shàngyún 动词。指以互联网为基础进行信息化基础设施、管理业务等方面的应用，并通过互联网与云计算手段连接社会化资源、共享服务等的过程。例记者了解到，目前，浪潮企业云已成功推动不同领域、行业和不同规模的企业上云。（2017 年 6 月 12 日《经济日报》）

【社会摇】 shèhuìyáo 名词。一种没有固定动作的舞蹈形式。因早年在迪厅十分盛行，受到众多社会青年的追捧，故称。也称“美拍摇”。例这个让王晨雨及其小伙伴们“根本就停不下来”的舞蹈，就是传说中“秒杀”广场舞、“骑马舞”的又一神舞——社会摇。（2014 年 7 月 1 日《中国青年报》）

【声谷】 shēnggǔ 名词。指由工信部和安徽省政府共建的中国智能语音产业聚集地，位于安徽省合肥市高新区。仿美国的“硅谷”造词。例 按照规划，到 2020 年，“中国声谷”的语音及人工智能产品用户将达到 15 亿，产业规模达到 1000 亿元。（2016 年 6 月 2 日《光明日报》）

【树保姆】 shùbǎomǔ 名词。一种实名认养古树名木的管护制度。也用来称古树名木的认养人。例 宜春市靖安县双溪镇大坪中心村，村中心是三棵树龄高达五六百年的樟树，最大一棵 5 个人才能合抱，铭牌上“树保姆”的名字是钟太红。（2016 年 8 月 18 日《人民日报》）

【数谷】 shùgǔ 名词。指大数据产业发展集聚区。2015 年 2 月 12 日，经工信部批准，贵阳、贵安新区共同创建国家级大数据产业发展集聚区。仿美国的“硅谷”造词。例 在大变革时代形成的发展共识下，2015 世界众筹大会在贵阳举办，正是贵阳服务实体经济发展、推动“中国数谷”在贵阳崛起的又一有力支撑点，体现了贵阳立足实际、奋力爬高的高昂志气。（2015 年 10 月 23 日《人民日报》）

【数据确权】 shùjù quèquán 数据产权的确定。例 数据确权是大数据应用和数据产业发展必须解决的核心问题之一，它针对不同来源的数据，以法律形式明确其产权归属，推动数据整合，加速数据共享和流通，降低交易成本，从而激活庞大的数据资产价值和创新应用，使数据产业得以迅速发展。（2016 年 10 月 30 日《光明日报》）

【双报到】 shuāngbàodào 名词。一种党建制度。要求机关、企事业单位党组织到所在地社区报到，实行共驻共建;要求在职党员到居住地社区报到,组织党员开展志愿服务。例去年来,成都市开展机关党组织、党员到社区"双报到"工作,通过用好群众点单、支部下单、党员接单"三张单子",推动党员干部带着精细化服务到社区上岗报到,沉下心倾听群众心声、了解群众诉求。(2014年3月2日《光明日报》)

【四铁】 sìtiě 名词。"铁一般信仰、铁一般信念、铁一般纪律、铁一般担当"的合称。是新时期习近平总书记对广大党员干部提出的新要求。例鲜明提出"信念坚定、为民服务、勤政务实、敢于担当、清正廉洁"的好干部标准,强调领导干部要自觉践行"三严三实""四有""四铁",忠诚、干净、担当。(2017年6月30日《人民日报》)

📖 2015年12月11日,习近平总书记在全国党校工作会议上的讲话指出,我们党要团结带领全国各族人民抓住机遇、战胜挑战,把"四个全面"战略布局落到实处,把创新、协调、绿色、开放、共享的发展理念落到实处,实现第一个百年奋斗目标、全面建成小康社会,进而实现第二个百年奋斗目标、实现中华民族伟大复兴的中国梦,关键在于培养造就一支具有铁一般信仰、铁一般信念、铁一般纪律、铁一般担当的干部队伍。

【四责协同】 sìzé xiétóng 指协调整合四个责任:党委主体责任、纪委监督责任、党委书记第一责任和班子成员"一岗双责"。例巡视将聚焦党的领导、党的建设、全面从严治党等方面存在的问题,强化被巡视党组织党要管党、从严治党的责任意识和担当精神,推进各单位"四责协同”责任落实，督促领导干部切实担起政治责任，推动管党治党从宽松软走向严紧硬。（2017 年 9 月 15 日《新民晚报》）

【素质三连】 sùzhì sānlián 网络用语。源自电竞圈主播直播时喜欢用攻击性语言像机关枪一样地攻击别人。后用来婉指骂脏话。“三连”指连着说三句脏话，故称。例 素质三连惹争议 职业选手准备好做公众人物了吗？（2017 年 1 月 23 日凤凰网）

T

【滩长制】 tānzhǎngzhì 名词。滩长管理制度。其组织和职责与“河长制”类似。例 为了更好地实现浙江渔场修复振兴，浙江从 8 月 7 日起开始在沿海滩涂推行“滩长制”。（2017 年 8 月 8 日《光明日报》）

【躺列】 tǎng liè 动词。网络用语。指互加微信好友之后没有交流，只是躺在微信好友的列表中。例“扩列”是指微信添加好友，“躺列”是指相互加好友后没有说过话的人，空耳则是日语中幻听的意思，常用在歌词和鬼畜中。（2017 年 9 月 1 日凤凰网）

【舔颜】 tiǎnyán 动词。指欣赏美貌。例 可是到了乾隆年间，这位黑城隍的像忽然被推倒了，改成了一个“美少年”，搁今天就算小鲜肉当道了吧。不明真相的吃瓜群众在舔颜的同时感到很奇怪，纷纷打听神界地方领导班子到底发生了什么事。（2017 年 9 月 1 日《北京青年报》）

知识窗 相关词语

【停更】　tínggēng　动词。指微信停止更新。[例]许多被“含沙射影”的互联网领域知名人士，或在朋友圈报平安，或以微博公开发言方式辟谣“被抓”，也验证了其杀伤力。虽说个中不乏趁机刷存在感的，可有些微博常年停更的大佬突然吭声，就是被网民的“点名@”炸出来的。（2016年12月27日《新京报》）

【*退群】　tuìqún　动词。原指退出某个社交平台上的交流群。后泛指退出某一国际协议或组织等。[例]特朗普威胁“退群”的言论立即引发国际社会尤其是欧盟的严重关切和强烈反对。（2017年10月18日《中国青年报》）

【脱低】　tuōdī　动词。国家精准扶贫政策中指农村家庭或村子摆脱低收入的状态。[例]按照计划，今年年底尖岩村争取实现150户“脱低”，到明年年底有望彻底摆脱低收入村。（2017年8月7日《新京报》）

V

【VAR系统】　VAR xìtǒng　视频助理裁判系统。这个系统使用视频回放技术，辅助场上裁判在肉眼难以判断是否犯规时作出判罚。VAR，英文 Video Assistant Referee 的缩写。[例]国际足联几天前还将巴西人里奇、巴拉圭人卡塞雷斯、布隆迪人比卢姆萨胡3位原计划执法联合会杯决赛的VAR系统操控裁判临时换成了3位欧洲裁判。（2017年7月5日《北京青年报》）

W

【湾长制】　wānzhǎngzhì　名词。在海湾地区设立湾长，实行陆海统筹、河海兼顾、上下联动、协同共治的治理新模式。2017 年 9 月，国家海洋局印发《关于开展“湾长制”试点工作的指导意见》。2017 年 9 月 14 日，青岛在全国率先推行“湾长制”。例海口市“湾长制”试点将以改善海洋生态环境质量、维护海洋生态安全、促进海湾可持续利用和永续发展为目标，解决海洋生态环境突出问题，建立健全陆海统筹、河海兼顾、上下联动、协同共治的海湾治理新制度。（2017 年 10 月 16 日《经济日报》）

【网格本】　wǎnggéběn　名词。外国文学爱好者对“外国文学名著丛书”的昵称。因封面统一设计成黄底星花的网格图案，故称。例淡雅的封面，外框双线环饰，内框围起斜向交叉网格，网格交点缀以似圆实方的结点。没错，这便是很多人记忆深刻的外国文学名著丛书，在爱好者中还有一个昵称：“网格本”。（2016 年 11 月 23 日《人民日报海外版》）

【无界零售】　wújiè língshòu　京东公司提出的新零售解决方案。主要表现在“场景无限、货物无边、人企无间”。场景无限，指消除时空的边界，零售无处不在，无时不有；货物无边，指货场不拘泥于固有的形态，货场、内容、数据、服务等彼此渗透；人企无间，指企业与消费者之间不再有角色的分别，实现供需合一、协同共创的新兴生产与消费关系。例零售的未来不是“帝国”，而是“盟国”。每个参与者建构“独特”的积木，并与不同的积木组合在一起，演化出无界零售的场景，构成未来共生、互生、再生的零售生态。（2017 年 11 月 10 日《人民日报》）

【无人仓】 wúréncāng 名词。指货物从入库、存储到包装、分拣等流程实现智能化，无需人力的智能仓库。例同时，京东神秘的 X 事业部还向外界展示了京东无人车、无人仓的全面规划。（2016 年 6 月 20 日《北京晚报》）

【无人经济】 wúrén jīngjì 一种新的经济形态。以移动互联网为依托，利用人工智能、传感技术等，不提供服务人员、全部依靠消费者自助完成消费过程。例中国产业互联网（浙江）研究院执行副院长吴玉麒认为，无人经济将会是一种趋势，但新业态真正广泛进入生活场景，必须要接受市场的考量。（2017 年 10 月 18 日《北京青年报》）

X

【洗稿】 xǐgǎo 动词。指对别人的原创内容进行篡改、删减等行为，使成为自己的。实质上是一种抄袭行为。例新媒体上存在着大量随意、恶劣、掐头去尾的嫁接、转载和“洗稿”，法不责众成为默许的规则。（2015 年 4 月 2 日《人民日报》）

【仙】 xiān 形容词。形容飘逸美丽，超凡脱俗。例于正也并不认为陈妍希有着“家常”和“胖”这两样被网友诟病的毛病，反而认为陈妍希“很瘦很仙”。（2014 年 3 月 3

日《新京报》)

【消费扶贫】 xiāofèi fúpín 一种扶贫方式。社会各界购买来自经济薄弱地区和低收入人口的产品与服务,以促进经济薄弱地区长远发展,帮助低收入人口增收脱贫。是社会力量参与脱贫攻坚的重要途径。例电商扶贫的思路实际上是"消费扶贫",通过有效建立贫困地区资源独特的产品与外界买家的沟通,扩大外界的积极消费,从而拉动贫困地区的经济发展。(2015 年 10 月 17 日《中国青年报》)

【新零售】 xīnlíngshòu 名词。将线上、线下企业和现代物流结合在一起,利用大数据等技术手段对生产、流通和销售等各环节加以深度融合的零售新模式。例袋鼠云 CEO 拖雷称,数据智能驱动新零售,将重新定义"人"、"货"、"场"的概念。(2017 年 10 月 17 日《中国青年报》)

📖 2016 年 10 月,马云在阿里巴巴云栖大会上提出深刻影响各行业的五大变革,即"五新":新零售、新制造、新金融、新技术、新能源。指出未来要实现"五通一平",即新零售、新制造、新技术、新金融、新能源的连接互通、数据共享以及一个公平竞争的创业环境。

Y

【洋小二】 yángxiǎo'èr 名词。指在跨境电商平台上,帮助推销中国商品的外国服务人员。例为了更好地服务中国游客,飞猪海外商家里出现了不少出色的"洋小二"。

知识窗 相关词语

（2017 年 11 月 15 日《新京报》）

【阴阳合同】 yīnyáng hétóng 指当事人就同一事项订立两份内容不相同的合同。一份对内，一份对外，其中对外的一份以逃避国家税收或监管等为目的，并不是双方真实意愿的表达；对内的一份才是双方真实意愿的表达。例同时，中国足协应当尽快拟定行业法规，消灭所谓“阴阳合同”的生存空间，至少要让“造假者”付出昂贵的代价。（2014 年 4 月 10 日《人民日报》）

【影子机票】 yǐng·zi jīpiào 指中间商在收到客户订单后，在客户不知情的情况下，为其预订多张机票，待到最低折扣出现时，将其他高价票抛出，以赚取中间利润。例专家提醒，遭遇“影子机票”，消费者支付了更高费用，得到的却是低价服务，会影响到航空公司的会员积分，有时在机场现场改签时也会碰到麻烦，因为低价票的退改签费用会更高。（2016 年 1 月 7 日网易网）

【永续债】 yǒngxùzhài 名词。指非金融企业（发行人）在银行间债券市场注册发行的“无固定期限、内含发行人赎回权”的债券。也叫“无期债券”。例永续债也叫无期债券，通常票面利率高，只付利息而不还本金，绝大部分附加了发行人赎回条款及利率调整条款。（2015 年 4 月 24 日《经济日报》）

【用云量】 yòngyúnliàng 名词。指在数字经济的框架下，用户占用云数据的多少。例现在衡量经济发展的标准，很多时候用“用电量”，同样，将来衡量媒体的发展也会有一个很重要的指标，那就是“用云量”。（2017 年 8

月 19 日《人民日报》)

【有偿救援】 yǒucháng jiùyuán 得到救援需要付费的机制。违规穿越或攀登的受困者被救解困后,需要根据具体情况交付相应的救援费用。与正常的免费“公共救援”相对。[例]记者从事发地亚丁景区的管理局了解到,该景区出台有偿救援制度的原因是“减少公共资源浪费,警示非法穿越者”,制度实施一年来,救援救助从每年 50 余起减少为 7 起。(2015 年 10 月 23 日《北京青年报》)

【语 C】 yǔ C 名词。指语言角色扮演。C,英文 cosplay 的缩写。[例]与角色扮演游戏相比,语 C 的特殊性在于它是一种纯文字的游戏方式。(2017 年 8 月 29 日《中国青年报》)

Z

【智慧零售】 zhìhuì língshòu 一种零售新模式。运用线上大数据预测消费趋势、引导线下生产制造。[例]智慧零售的本质就是运用互联网、物联网技术,充分感知消费习惯,预测消费趋势,引导生产制造,为消费者提供多样化、个性化的产品和服务。(2017 年 3 月 11 日《新民晚报》)

传统零售包括实体零售和虚拟零售,智慧零售结合了实体零售与虚拟零售,实现了新技术与实体产业的融合。智慧零售与无界零售、新零售都是线上线下融合的零售模式,智慧零售、无界零售继承发展了新零售。相较于新零售和无界零售,智慧零售更注重客户的需求。

【专利流氓】 zhuānlì liúmáng　指那些没有或几乎没有实体业务，主要通过积极发动专利侵权诉讼而生存的公司。也称“专利蟑螂”“专利鲨鱼”。例国家政策、监管部门应该从制度上去防范“专利流氓”的出现和肆虐。（2017年5月11日《新京报》）